Zum Geleit

Jeder lebt. Jeder stirbt. Keiner ist tot.

Ein Buchtitel, der neugierig macht. Und tatsächlich: Hubert Jünger ist es gelungen, neue Sichtweisen und neue Hoffnung für jede Art einer Erkrankung zu geben. Es ist seine eigene Lebensgeschichte und es sind seine Erfahrungen als spiritueller Heiler, die überzeugend und ehrlich ein neues Licht auf die möglichen Hintergründe unserer Lebensblockaden werfen.

Dieses Buch inspiriert, seine eigene innere Reise zu beginnen oder fortzusetzen und zeigt auf, wie wir dabei wertvolle Unterstützung bekommen können. Es ist in der Tat ein spirituelles Praxisbuch geworden, das uns zum inneren Kern und Wesen unseres Selbst führt: Ein Kind unseres Schöpfers zu sein und ein Leben der Liebe zu führen.

Dr. med. Dieter Schmidt - Master in Oriental Medicine

Über den Autor:

Hubert R.H. Jünger betreibt als Spiritueller Lehrer & Autor in Glücksburg (Ostsee) eine Fern-Praxis für Geistiges / Intuitives Heilen.

Er hat die Lizenz zur Praktizierung der kuby-methode Mental Healing® (Geistige Selbstheilung), die Heilerausbildung bei Stephan Dalley absolviert und begleitet Patienten/Klienten im gesamten deutschsprachigen Raum in ihren Bewusstwerdungsprozessen durch ihre Wandlung hindurch und damit zur möglichen Gesundung und Heilung - vom Kleinkindalter bis in die letzten Stunden ihres Lebens.

In Schleswig-Holstein ist er ein gefragter Dozent. Er ist Mitglied im DGH Dachverband Geistiges Heilen. *www. intuitives-heilen.com*

Hubert R.H. Jünger

Jeder lebt.
Jeder stirbt.
Keiner ist tot.

Gesund und heil
durch ein anderes Weltbild

Ein spirituelles Praxisbuch

© 2016 tao.de in J. Kamphausen Mediengruppe GmbH, Bielefeld

Autor: Hubert R.H. Jünger
Titel/Grafik/Satz: Hubert R.H. Jünger
Fingermalereien: Hubert R.H. Jünger
Umschlag/Idee: Eckhard Seele

Printed in Germany

Verlag: tao.de in J. Kamphausen Mediengruppe GmbH, Bielefeld
www.tao.de, eMail: info@tao.de

Bibliographische Information der Deutschen Nationalbibliothek: Die
Deutsche Nationalbibliothek verzeichnet diese Publikation in der
Deutschen Nationalbibliographie; detaillierte bibliographische Daten
sind im Internet über http://dnb.de abrufbar.

ISBN
Paperback: 978-3-96051-289-9
Hardcover: 978-3-96051-290-5
e-Book: 978-3-96051-291-2

Der Buchtitel ist dem Tibetischen Sprichwort
Jeder stirbt, aber keiner ist tot.' entlehnt.

Meinen Kindern Bettina & Thies Hendrik
gewidmet, sowie allen Menschen,
die guten Willens sind.

Aus vollem Herzen
sage ich meinen spirituellen Lehrern Dank.
Sie hatten einen ungeduldigen Schüler und vertrauten mir.
Meine größte Lehrerin ist weiterhin die Geistige Welt,
die mir diese Arbeit auftrug.
Ich danke IHR für die Liebe, die SIE mir täglich gibt und
die Liebe, die ich zu geben vermag.

Inhalt

Vorwort

Von Medizin verstehe ich so viel wie der Vogel von der Ornithologie. Das mag belustigend klingen, darf es auch. Doch Leserin und Leser sollten von mir mehr erwarten als einen Ratgeber, der mein Buch nicht ist. Es ist ein spirituelles Praxisbuch und zeigt Beispiele für geglückte Heilung, ist Zeugnis für ein sehr langes Leben, das noch weiter geht - und Hoffnung machen soll. Der Humor soll dabei nicht zu kurz kommen.

Primär geht es um Bewusstseinsentwicklung in Eigenkompetenz und um Übernahme der Verantwortung für die eigenen Bedürfnisse. Wer immer es gelesen hat, soll denken oder sagen:

„Ich allein bin verantwortlich für mein Leben; was ich hier lerne, setze ich jetzt sofort in den Alltag um - aus Liebe zu mir. Ich will das. JETZT. Ich habe genug verzwei-felt gelitten, meinen Rücken gebeugt, vergebens gewartet, bis andere mich sehen, gar entdecken. Raus aus den Abhängigkeiten, aus dem Selbstmitleid, das nur ruinös wirkt!

Ich gerate immer wieder an die gleichen Männer oder Frauen, die mir nicht gut tun und mich an der Liebe zwei-feln lassen. Ich fordere jetzt Respekt von anderen und beginne bei mir selbst. Künftig lautet mein Lieblingssatz: Ich weigere mich." Und weiter:

„Ich bin - wie jeder Mensch - ein geistiges, ein göttliches Wesen und ich verhalte mich jetzt auch so. Andere mögen mir Angst gemacht haben, ich halte mich jetzt nur noch an die größte Kraft im Universum: die Liebe. Das verspreche ich meiner Seele."

Wenn das Ihr neues Glaubenskonzept ist, haben Sie einen Paradigmenwechsel vollzogen und er wird Ihnen zum Segen gereichen.

Liebe und damit der gesamte Kosmos wollen wie Ihre Seele nur Harmonie und dafür müssen Sie nicht ständig etwas leisten. Bitten genügt und täglich einmal danken.

Und sollten Sie mit all dem, was Ihnen zu Teil wird, restlos einverstanden sein und sich eins mit dem Kosmos fühlen, brauchen Sie nicht einmal mehr bitten, weil Sie akzeptieren: Sie haben schon alles. Was Ihnen zu teil werden soll, wird.

Sie haben den freien Willen in Ihrem Lebensrucksack, können sich sekündlich entscheiden, z. B. ob Sie recht behalten oder glücklich sein wollen. Sie haben die Wahl, sitzen nicht im Gefängnis. Nutzen Sie Ihren Gestaltungsspielraum, so lang sie noch können.

Dieses Buch soll für Sie ein Spiegel sein, der Ihnen zeigt, was ist. Sie können ihn blind werden lassen oder zerdeppern. Oder wollen Sie ihm gar böse sein, weil er Ihnen zeigt, was ist?

Fangen Sie an! **Tun verändert.** Denken ist ‚Hamsterrad', auch wenn der Hamster meint, es gehe immer aufwärts. Heute, jetzt ist der beste Zeitpunkt für Ihren Wandel. Ihr Spiegel begleitet Sie.

Warum sonst haben Sie bis hierher gelesen, wenn Sie nicht in Resonanz gegangen wären, mein Thema nichts mit Ihnen zu tun hätte?

Eine kollegiale Vorbemerkung bitte ich mir noch zu gestatten:

Sollte ich aus dem Kreis der klassischen oder alternativen Medizin oder von Therapeuten Zustimmung bekommen, wäre ich voll Bewunderung für Einsicht und Bereitschaft, die ausgestreckte Hand anzunehmen.

In liebevoller Begleitung

Hubert R.H. Jünger

Das Prinzip von Kommunikation und Austausch

Gerade bin ich in die Welt ‚geflutscht', war immer das Wort meiner Mutter, aus dem Wasserelement, abgenabelt und eingetaucht in das Luftelement und damit in der Polarität gelandet. Ich habe die Lungen gebläht, gebe aus voller Kehle Laut und bin ob der unfreundlichen Begrüßung wütend. Neun Monate hat mich meine Mutter bebrütet und jetzt das. Da muss mehr kommen.

75 Jahre später wurde mir bewusst, warum ich, **Merkur-Zwilling,** Aszendent Löwe, gerade bei diesen Eltern inkarnieren wollte. Gleichzeitig war meine Lebensaufgabe auch klar:

Kommunikation und Austausch hatte ich gewählt. Unter diesem Archetyp wollte ich lernen und Verantwortung übernehmen. Außerdem hatte ich mit meinem Vater noch etwas zu klären und konnte ihn halt erst 1934 wieder treffen. So kann es der Seele mit dem Wieder-zu-Fleisch-werden ergehen, rund 1100 Jahre später. Damit ist auch sogleich geklärt, wofür ich u. a. stehe: Für die **Re-Inkarnation,** wie Milliarden andere Menschen auch.

Im frühen Mittelalter, genauer im Jahre 914 hatte mich mein jetziger Vater als Richter und Vertreter der Obrigkeit in ein Verlies geworfen und ich hatte mir 1934 vorgenommen, dieses Leben unter diesen Eltern für meine Weiterentwicklung zu nutzen.

Was Goethe über seine liebenswerte Mutter, Frau Aja sagte, traf auch auf mich zu:

Vom Vater hab' ich die Statur, des Lebens ernstes Führen, vom Mütterchen die Frohnatur und Lust zu fabulieren.

Obgleich meine Mutter ebenfalls die Güte in Person schien, war ich notgedrungen doch ein Vaterkind. Mit ihm hatte ich in Kindheit und Jugend durch seine drakonischen Prügel viel mehr Hautkontakt als mit ihr.

Später erfuhr ich, was der Haushomöopath - der 1. Mann in diesem Leben - zu mir, meiner Mutter und der Hebamme in meine Wiege gesprochen hatte:

„Schauen Sie sich einmal diese Öhrchen an. Das wird einmal ein ganz musikalischer Bengel." Das Musische würde mich also ein Leben lang begleiten, hätten Eltern und Umstände es zugelassen.

Des Weiteren bekam ich mit meinem ersten Schnaufer etwas unvergleichlich Herrliches und mich mein ganzes Leben Begeisterndes in voller Breitseite mit: die duftende Kultur von Brot und Gebäck, Lebensinhalt höchst sensorischer Wesen: der Bäcker. Unter meinem Geburtszimmer lag die Backstube meines Großvaters und meine Lungen sogen in vollen Zügen. Die Kunst mit der lebenden Materie Teig bewegt mich bis heute, wie die Menschen, die sich dieser Lebendigkeit verschreiben. Obgleich ich 61 Jahre diesem Berufsstand dienen durfte, merkte ich erst mit 45 Jahren, dass ich durch die Umstände meiner Geburt Kompetenz in Sensorik besitze und die Qualitäten von Brot und Gebäcken treffsicher beurteilen kann. Daraus entstand meine selbstgewählte Aufgabe, mich mit Leidenschaft und Hingabe für naturbelassenes Brot einzusetzen und die Meister allumfassend selbständig zu beraten. Damit versöhnte ich Hunderte von Betriebsinhabern und Nachfolger mit ihrem Beruf und befriedigte so ganz nebenbei auch meine oralen Bedürfnisse, Ersatz für so viele erlittene Mängel. Großvater sei Dank.

Doch 2006 reichte mir das nicht mehr. Ich wollte nicht nur den Betrieben das Überleben sichern, sondern generell Menschen in Ihrem Bewusstwerdungsprozess und aus ihrer Krankheit heraus helfen, was nach langen Wanderjahren und Auseinandersetzungen mit unterschiedlichsten Philosophen, Therapeuten, Heilern, Glaubensstiftern und den großen Kulturen und Weltreligionen endlich verwirklichbar schien und meine Profession wurde.

Damals traf ich Clemens Kuby in einem seiner vielen Seminare in Hamburg und erfuhr mittendrin, dass er sogar ausbildete. Das gefiel mir. Ich wollte lernen, mich selbst zu heilen, gesund zu werden; denn das war unweigerlich die Voraussetzung, um andere in ihrem Heilungsprozess zu begleiten. Hätte ich meine Schatten nicht zuerst bearbeitet und aufgelöst, hätte der erste Patient, der zu mir wollte, wiederum als Spiegel, garantiert genau die Knöpfe gedrückt, die ich nicht gedrückt haben wollte, wie es einer meiner Lehrer, Stephan Dalley mahnend ausdrückte. So genial arbeitet der Kosmos. Und um gesund und heil zu werden, gab es bei mir erst einmal eine Menge Baustellen.

Da waren meine Angina Pectoris, die Traumatisierung als Kriegskind - selbst und mit diesem traumatisierten Vater -, 57 Jahre wöchentliche Migräne, Unbeweglichkeit des rechten Oberarms, schon 3 x 50 - 70 ml Wasser im rechten Knie, Tinnitus und massive Partnerschaftsprobleme, die sich von Verlustängsten über ein Helfersyndrom bis zur Definition über die jeweilige Partnerin erstreckten. Tablettensucht war via Migräne die Folge. Inzwischen ist alles nachhaltig aufgelöst.

Bei Kuby begegnete ich zum 2. Mal in meinem Leben einem Satz, der wie kein anderer mein Denken und damit mein weiteres Leben prägte, ohne dass ich mir dessen Tiefenwirkung bewusst war und ohne, dass ich ihn schon leben konnte:

„Wirklichkeit ist das, was wirkt!"

Wirklichkeit ist das, was wirkt

1957, ich war 22 Jahre alt, lebte in Hamburg, arbeitete in einer Handelsfirma für Bäckerei-Rohstoffe und baute mit großem Elan deren Maschinenabteilung aus dem Nichts auf. In meiner Freizeit eiferte ich meinem Judolehrer Fritz Nadler, 3. Dan als sein Assistent nach, baute meine Fertigkeiten in dieser sanften Kunst aus und bekam von ihm jegliche Unterstützung.

Auch in meiner Suche nach ‚der Wahrheit' - meiner Wahrheit sage ich heute - zeigte er mir u. a. Prentice Mulfords *„Unfug des Lebens und des Sterbens"*. Diese Offenbarung ließ mich fortan nicht mehr los. Mulford wurde mein täglicher Begleiter über Jahrzehnte. In seinem Essay ‚*Ein Schubkarren voll Gram'* (s. dort) schreibt er diesen verheißungsvollen Satz:

'JETZT, das ist die einzige Wirklichkeit, die wir kennen - die einzige die wirkt'.

Das Problem wurde die Umsetzung in mein alltägliches Leben. Die einzige Aufgabe der Wirklichkeit ist es daher, zu wirken. Und das hat nichts mit der sog. Wahrheit, die immer subjektiv ist, zu tun, wie wir noch sehen werden.

Mittlerweile hat sich die Hirnforschung dieser Tatsache angenommen und nun hat es auch die Ratio schriftlich, dass unser Gehirn nicht in der Lage ist, Wahrheit und Fake/Lüge auseinander zu halten. Wir gehen ins Kino und kommen wieder heulend aus dem Film, obwohl niemand bei den Dreharbeiten zu Tode gekommen ist, erschossen wurde oder ertrank. Unser Gehirn erlebt diese Bilder 1:1, bildet in beiden Fällen die gleichen Synapsen, bildet die gleichen Botenstoffe, versorgt den Körper damit und verursacht dieselben Emotionen.

Wer das nicht verstehen kann, ist unser Verstand und das bedeutet, dass die Ratio in der linken Hirnhälfte das leugnet. Die rechte Hirnhälfte hingegen kennt nicht den linearen Verlauf von Vergangenheit - Gegenwart - Zukunft. Für die Intuition, die ihren Sitz in der rechten Hirnhälfte hat, gibt es nur das Jetzt und damit das unmittelbare Erleben. *Vergegenkunft* nannte es Günter Grass in einer Podiumsdiskussion.

Gleichgültig wie alt die Ursache ist: **die Seele, die personifizierte Intuition, nimmt immer das, was oben liegt - JETZT.**

Wir selbst sind sogar in der Lage, uns diesen Umstand zu Nutze zu machen, indem wir uns auch nachträglich eine schönere, glücklich machende Kindheit oder Jugend imaginieren und dadurch die alten Konflikte auflösen. (*Clemens Kuby beschreibt in seinen Mental Healing®-Büchern und Filmen diesen Prozess ausführlich und mit allen wissenschaftlichen Hintergründen.*)

Nicht was wir erlebt haben ist damit wichtig, sondern nur, wie wir das Erlebte heute bewerten.

Gelingt heute - nachträglich - die Aussöhnung mit den Protagonisten und sind sie transformiert, hat die Krankheit ihre Botschaft erfüllt und kann sich auflösen. Den Hinweisen der Seele wurde entsprochen. Sie ist glücklich. Alles paletti.

Was ist der Sinn einer Krankheit oder Verhaltensstörung?

Die geduldige Seele schickt uns die Symptome nur, weil wir etwas in unserem Leben ändern sollen, weil Wandel angesagt ist. Die Symptome sagen uns über die Organsprache ganz genau, was wir verändern sollen. Niemand hat zufällig Magenschmerzen, Todesangst oder lädierte Kniegelenke. Es geht immer darum, **die stiftende Ursache,** die Ursache hinter der Ursache zu finden.

An dieser Stelle verabschieden wir uns erst einmal vom Zufall. Es gibt ihn nicht. Alles um uns herum im Makro- und Mikrokosmos braucht zu seiner Materialisierung einen ersten Impuls, strebt nach Ausgleich und Harmonie, nach Liebe eben, auch wenn der Mensch mit seinem freien Willen und in seinem Wahn das Gegenteil zu beweisen scheint. Gäbe es den Zufall, würde es ständig im Weltall krachen und rumsen und unsere geliebte Erde wäre schon längst - ohne menschliches Zutun - kollabiert. Aus demselben Grund können wir uns auch sogleich vom „Urknall" verabschieden.

Aus sich heraus passiert überhaupt nichts. Alles braucht einen ersten Impuls, der nicht aus der Materie sondern nur aus dem Geist kommen kann. Luther übersetzte für die einfachen Leute das griechische Wort Logos = Geist mit ,Wort', Johannes 1,1: ,Am Anfang war das Wort, und das Wort war bei Gott und Gott war das Wort.' Nebenbei: Mit wem hätte Gott denn reden wollen? Andere Religionen und Kulturen sehen es analog.

Das traumatisierte Kriegskind - 1935 bis 1948

1935 prosperierte die Wirtschaft im Deutschen Reich. Die erste Autobahn wurde von den Nationalsozialisten von Frankfurt nach Darmstadt gebaut. Meine Eltern waren mit ihrem 7-Personen-Handels- und Reparaturbetrieb für Bäckereien mitten in Frankfurt Nutznießer der politischen Umstände und hatten mich auf Kiel gelegt.

Drei Wochen nach der Geburt wurde ich abgestillt; denn meine Mutter fuhr täglich mit der Bahn von Hanau nach Frankfurt ‚ins Geschäft' und wieder zurück. In der Bäckerei meiner Großeltern war genug Personal, das nun meine Aufzucht übernahm. Spätabends war Mutter erst wieder zurück. Bis 1940, als wir nach Frankfurt übersiedelten, sind da keine Erinnerungen an die Eltern, nur an die ersten brachialen Eingriffe meines Vaters in mein Leben. Später erkannte ich, dass diese Schläge - auch auf den Kopf - mir sämtliche Erinnerungen an meine Kindheit und Jugend auslöschten. Das Gehirn schleuderte in seinem Liquor immer gegen die Schädelwände. Bei späteren Stürzen (18 Jahre Judo) lösten solche Erschütterungen immer wieder das Bild des Vaters aus.

Dann kam der Krieg auch nach Frankfurt mit Bombenalarm, Heimrennen aus dem Schulunterricht in den Luftschutzkeller, Brandbomben, die auch unser Haus versehrten. Oft wurde ich aus tiefstem Schlaf gerissen und fand mich mit meiner jüngeren Schwester wieder neben meiner Mutter im Keller. Mein 8 Jahre älterer Bruder war im Krieg. Aber Mutter war ja da und beschützte mich. Vater stolperte nur manchmal hastig die Kellertreppe herunter und berichtete, was sich draußen zugetragen hatte. Vater war immer unerschrocken, so schien es, und es wurde mir später verständlich, als ich erfuhr, dass er von 1914-18 im Ersten Weltkrieg kämpfte und ohne eine Schramme durch die Hölle von Verdun gegangen war, in der die Über-Lebenserwartung der frisch an die Front verlegten Landser nur 14 Tage betrug. Stark traumatisiert kam er zurück. Trotz dieser Erfahrungen versprach er sich in seinen zahlreichen Tagebüchern noch 1944 opportun Rettung durch die V1 und V2. Auch wenn er kein Parteigenosse war, profitierten er und die Familie durch seine unverzichtbare Reparaturwerkstatt für zerbombte Bäckereimaschinen im Dritten Reich und nach Kriegsende.

Dann kam der 7. Dezember 1943. Da stand dann der achtjährige Hubert in Mittelbuchen bei Hanau vor wildfremden, gleichwohl lieben Menschen, die einen Bauernhof mit 25 Morgen Land bewirtschafteten und ihm statt einer ungewissen ,Kinderlandverschickung' für drei Jahre die Vize-Eltern wurden. Bis heute trübt keine Erinnerung den Abschied von den Eltern. Da ist keine. Die Verdrängung begann sich zu bewähren. Als sechs Wochen später Heiner, der 16-jährige Sohn der Familie, bei einem Luftangriff auf Hanau zu Tode gekommen war, kehrte über Jahre tiefe Trauer in diesen Haushalt ein.

Ein Stadtkind mitten auf dem dicksten Land. Das war ein ständiges Spießrutenlaufen, waren Häme und Hänseleien. Da spendeten nur die Kühe im Stall, die Zicklein, die Küken, die Hasen und meine Meerschweinchenzucht Wärme. Denen gefiel es zwar - zumindest erduldeten sie es wehrhaft - aber die Bauersleute schimpften wegen dieser Tierruhestörung oft mit mir.

4. Februar 1944. An diesem eiskalten sonnigen Vormittag bezog sich der Himmel mit Schneewolken, die immer dichter wurden. Und dann hörten wir in der Schule schon die Bomber, gab es späten Bombenalarm und wir Kinder rannten nach Hause, wohin sonst; es gab da keine echten Schutzkeller im Dorf. Motorengedröhn kam näher und wurde lauter, viel lauter. Die im Radio angekündigten Marauder-Verbände der Amerikaner waren auf dem Weg nach Dresden, kamen in diese dicken Schneewolken und warfen zur eigenen Sicherheit ihre ganze Sprengbombenfracht wie auf ein Kommando ab, wohl über 500 mal Tod vorsehend. Mit Hannelore rettete ich mich noch gerade rechtzeitig unter die schräge Luke in einen Bierkeller an der Straße, bevor das entsetzliche Heulen in eine nicht enden wollende Detonationsorgie mündete. Da war nur noch Gott, den ich um Hilfe anflehte (*s. mein Urtinktur Amrum S. 28 ‚Narben für Dresden'*).

Das war's. Kindheit beendet. Traumatisierung komplett. Meine Jahre später immer wiederkehrende Antwort auf insistierende Fragen meines Vaters, seien es Rechenaufgaben oder später nach meinem Berufswunsch, war immer: „Ich weiß nicht." Das wiederum löste Ohrfeigen oder Spazierstocktraktate des ‚besorgten' Vaters aus. Laut Mutter war ich sein Liebling. Wie sollte ich das verstehen?

Inzwischen lernte ich, dass dieses „ich weiß nicht" für gestörte Menschen „ich weiß nicht, wie es in meinem Leben weitergehen soll" bedeutet. All das, was nach dieser Traumatisierung in meinem Leben geschah, war nicht mehr kindgerecht, war angepasst, reaktiv und vom Wunsch nach Über-leben geprägt. Wie sollte da noch Leben möglich sein? Wie Mitgefühl, Liebe, Wärme? Wer hätte den Achtjährigen trösten sollen? Die Vizeeltern waren in ihrer Trauer selbst traumatisiert und bedürftig.

Da war später der Kanzeltext aus Matthäus 18.3 ‚Wahrlich, ich sage euch, wenn ihr nicht umkehrt und werdet wie die Kinder, so werdet ihr nicht ins Himmelreich kommen', schon eine Zumutung für einen heranwachsenden hellen Geist. Ich w a r doch ein unschuldiges Kind gewesen, neugierig und ganz lieb. Warum habt ihr mich denn nicht gelassen, so wie ich war? In der Zeit bis Kriegsende hieß es noch ein Mal Abschied nehmen aus einer gewissen Geborgenheit bei wohlwollenden Fremden und Rückkehr in die Vizefamilie.

Entstanden waren so viele seelische Wunden, die dem kleinen Jungen in seiner zerrissenen Familie auf dem Weg durch die emotionale Wüste und in Todesangst zugefügt worden waren, die erst ein halbes Jahrhundert später heilen konnten. Da war auch die Attacke der polnischen Wachmannschaft an einer amerikanischen Müllkippe, sechs Wochen nach der Kapitulation, nach gezielten Schüssen und anschließenden Prügel mit den Gewehrkolben eher schon eine mildere Variante der Übergriffe Erwachsener auf einen Zehnjährigen, der sich trotzdem einnässte. Wieder waren nur Häme und Schelte die maßlos enttäuschenden Kommentare der Vizeeltern. Als Folge blieb ein sieben Jahrzehnte anhaltender Schmerz im rechten Oberarm, der ebenfalls restlos, ohne Medizin, aufgelöst wurde.

Wäre ich nicht aufgewacht und hätte mein Leben selbst in die Hand genommen, hätte ich mich, wie viele ‚Traumatisierte Kriegskinder und -enkel', von Praxis zu Praxis gehangelt und wäre vollgestopft mit Medikamenten und Nebenwirkungen letztlich doch der Demenz oder dem Morbus Parkinson anheimgefallen. Es hätte mich geschüttelt.

Aber so konnte ich noch als über 80-jähriger ein Studium absolvieren und kann noch täglich gesund und mit Liebe und großer Freude meine Klienten/Patienten auf ihrem Heilungsweg begleiten und mein Leben mit meiner geliebten Frau nach unserem Willen gestalten und genießen.

Erfahren habe ich auch: Wenn einer sein Leben in die Hand nimmt und verändern und wandeln will, den unterstützen die hilfreichen Geister in seinem morphogenetischen Feld, die nur darauf gewartet haben, dass er endlich wach wird und handelt, und sie werden ihm helfen, wie er es sich nie vorstellen könnte. Das sind dann die eigentlichen Wunder.

Fazit: Nutzen Sie noch rechtzeitig ihren Gestaltungsspielraum, bevor Sie nicht mehr in der Lage dazu sind oder, wie die Hesse sache: *„Vorne geriehrt, brennt hinne net a."* Ich könnte es auch anders ausdrücken: **Ändere Deine Taktik, bevor Du gezwungen wirst, sie zu ändern.**

Ach ja, und so ganz nebenbei verschwand auch noch - lange Zeit unbemerkt - mein Tinnitus.

Wovon sollte ich etwas verstehen,

wenn ich schon nichts von der Medizin verstehe und über Krankheit, Gesundheit, ja Heilung schreibe und rede?

In meinem ersten Fachbuch schrieb ich im Vorwort: „Sprich nur über Dinge, über die Du zuvor zehn Jahre nachgedacht hast!" Daran will ich mich auch diesmal halten.

Zuerst einmal muss ich in der Praxis des geistigen Heilens, gar Selbstheilens ganz genau hinhören, mich gewissermaßen auf den Stuhl des Klienten/Patienten setzen, leer sein, locker bleiben und mit dem Heilsuchenden gemeinsam erspüren, was ihn bewegt, bedrückt, krank gemacht hat, was ihn gekränkt hat, was ihn überhaupt weg von der allgegenwärtigen Medizin und zu mir gebracht hat.

Die Organsprache seiner Krankheit sagt bereits viel aus, enthält Hinweise, die nicht übersehen werden dürfen. Wenn z. B. das rechte Knie schwächelt oder gar eine OP ansteht, kann dahinter ein Konflikt mit einer männlichen Person (Vater, Bruder, Kollege, Partner oder mit der Zukunft) stehen und weitere Fragen werden sicherlich mit Beispielen aus dem Leben des Kranken belegt werden.

Es kann aber auch sein, dass eine Frau so sehr ihre männlichen Anteile lebt bzw. ihre weiblichen nicht, dass daraus ein Konflikt entstanden ist, der aufgelöst werden will. (*s. hierzu das Kapitel über die rechte und die linke Gehirnsphäre*). Es gibt viele Wege zur Heilung, die meist viel älter als die moderne Medizin sind, doch ich konzentriere mich auf das, was ich bei meinen Lehrern und vom Leben gelernt habe und selbst praktiziere.

Ich kann auch zielgerichtet fragen, bei welcher Gelegenheit die Schmerzen zuerst entstanden sind und aus der Antwort die wichtige Information heraushören, die zur Ursache hinter der Ursache - der **stiftenden Ursache** - führt. Nach meiner Erfahrung sagen die Menschen schon in der 1. Sitzung ein Schlüsselwort, das symptomatisch für eine Szene, sogar für ihr Leben ist.

Das dauert max. 5 - 8 Minuten. Da können wir dann hineingehen und die Ursachen finden. Die Kunst besteht darin, einfühlsam und präzise zu fragen und, wie ich bei Clemens Kuby gelernt habe, hinter dem Patienten zu bleiben.

Meine Aufgabe besteht nicht darin, ihm zu sagen, was er zu tun oder zu lassen hat, sondern leer und unwissend zu bleiben, dabei neugierig das Terrain anzuschauen. Ich darf nicht urteilen oder bewerten. Ich darf nur deuten und darauf vertrauen, dass seine Seele alles von ihm weiß und zur gegebenen Zeit preisgibt, wenn er wirklich gesund werden will.

Generell hat ‚Knie' etwas mit Demut zu tun (die Knie beugen). Nun kann es sein, dass mein Gegenüber eine Kette von Demütigungen seit der Kindheit über sich ergehen lassen musste. Die Aufgabe besteht jetzt darin, diese Demütigungen in Demut zu wandeln, was leichter gesagt als getan ist. Das verletzte innere Kind muss letztlich in der Szene, in der es erstmalig verletzt wurde, wieder geheilt werden.

Wenn der erste Dominostein fällt, fallen alle nachfolgenden Demütigungen in der Kette mit um und lösen sich auf.

Meine Aufgabe wäre es nun, ihm anhand seiner biografischen Beispiele das Muster seines Lebens zu zeigen und **eine Brücke zwischen der auslösenden Situation und den heutigen Schmerzen zu bauen.** Hat er diese Situation verstanden, können wir gemeinsam oder er allein die Protagonisten der Szene (zum Beispiel den Vater) sich vor sein geistiges Auge holen und mit ihm diese demütigende Szene im Kindessinne bearbeiten.

Hier leistet die rechte Hirnhälfte - die Intuition - verlässliche Hilfe, und wer nur ein einziges Mal, vielleicht bei einem leichten Konflikt, ein positives Ergebnis und einen Wandel in der Krankheit oder im Verhalten feststellen konnte, hat danach ein machtvolles Instrument der Selbstheilung in der Hand - ein Leben lang. Gibt es eine billigere Heilmethode?

Der Vater (noch lebend oder schon gestorben) muss in präzisem Dialog **auf dem Papier** (s. Kapitel *Seelenschreiben*) dazu gebracht werden, seine Fehler - die Demütigungen seiner Tochter oder der gesamten Familie - anzuerkennen und den Frieden mit ihr in Liebe suchen.

Er muss seinem Kind gegenüber **bereuen**, glaubhaft bereuen. Das ist zwischen den Seelen des Vaters und der Tochter möglich und geschieht immer wieder. Nur der Ver-stand kann das nicht ver-stehen und zulassen. Das ist nicht sein Hoheitsgebiet.

Aber der Seele dürfen wir uns immer anvertrauen, da sie immer um Harmonie bemüht ist. *Einzelheiten dieser Kuby- Methode Men-*

tal Healing® finden sich in seinen Büchern und DVDs. Ich habe diese Methode studiert und bin mit ihr heil geworden.

Wie kam denn nun die Heilung zustande?
Die Rolle des Vaters

Wenn ein Kind geboren wird, kann es nur schreien und sich einwindeln. Trotzdem wird es geliebt. **Das ist sein Naturrecht**, von Zeugung an. Dafür braucht es überhaupt nichts zu tun. Es wird geliebt.

Nun kommt es aber nicht selten vor, dass es sich Eltern gewählt hat, die sich ihrer Pflicht als Eltern nicht bewusst oder selbst traumatisiert sind oder gar nicht wissen, wie Liebe geht, es nicht gelernt haben, oft genug mit einer Prägung durch ihr Leben laufen, die Liebe nicht hochkommen lässt. Sie hatten ebenfalls Eltern, die keine liebevolle Erwachsene waren. Oft genug ist für sie überleben vordringlicher als leben. Sie sind verhaftet in materiellen Obsessionen, haben es nicht anders von ihren Eltern gelernt und meinen noch, alles richtig zu machen. Sie leben in ihrer Welt, in der Kinder keine Stimme haben, parieren müssen, damit sie nicht als Stressfaktor empfunden werden. Als Statussymbole mögen sie noch taugen, doch das neue Haus oder Auto oder der 3. Urlaub im Jahr sind vorrangig, müssen erwirtschaftet werden, kosten Arbeit und Zeit; Zeit, die den Kindern alltäglich vorenthalten wird.

Oft genug stammen sie von Eltern, die einem grandiosen Missverständnis aufgesessen sind: **Sie verwechselten Sex mit Liebe.** Zuhause bei deren Eltern schien die Situation unerträglich, dann spielten auch noch die Hormone verrückt, die Mädchen und Jungen waren auf der Flucht aus dem Elternhaus und alles, was nun in ihr Leben trat, war allemal besser als zu Hause, fühlte sich ganz neu und warm und innig an: Das m u s s t e die Liebe sein. Die Pille verschob jegliche natürlichen Regeln, und da ‚die anderen‘ das ebenfalls missinterpretierten, stand es unumstößlich fest: das war die (große) Liebe.

War es aber nicht. Doch das neue Wesen ist schon gezeugt, im schönsten aller Momente zwischen die Eltern geschlüpft, weil es möglicherweise zu Mama wollte, die es schon in früherer Inkarnation gemocht oder geliebt hat. Erst in den nächsten Wochen merkt es, dass der Vater z. B. ein Alkoholiker ist. Doch es kann oder will nicht mehr zurück, ‚wieder abbiegen‘ nannte es mein Heilerlehrer Stephan Dalley.

Manchmal kommt das Baby auch mit seiner Nabelschnur um den Hals auf die Welt oder weigert sich, geboren zu werden, wird ‚über-tragen‘ und die Eltern stehen vor einem Rätsel. Zwar dem schönsten von allen; doch verhalten sie sich auch zum Wohle des neuen Erdenbürgers? Ändert sich etwas im Leben der kleinen Familie, ist er willkommen, zu jeder Tag- und Nachtzeit, in guten, wie in weniger guten Tagen und Nächten?

War ich immer ein so böser Junge, weil mein Vater mich so verdreschen musste? Ich musste mich nur noch mehr anstrengen, dachte ich, damit ich seinen Jähzorn nicht anstachelte. Warum hat es wegen dieser Schulnote wieder nicht gereicht, ihn zufrieden zu stellen? Warum schlägt er einen Eichenspazierstock an mir entzwei, als er als Diabetiker - gerade mit der Mutter aus der Jahreskur kommend - noch im Treppenhaus erfuhr, dass ich als 6-jähriger eine (1 !) Mark statt zum Friseur in den Eissalon getragen hatte? Wo war da meine Mutter?

Aus solchen Kindern werden Papiertiger, die sich anpassen, mit den Wölfen heulen, die, statt alles zu bemerken, zu allem ihre Bemerkungen machen müssen; denn sie werden nicht gesehen, nicht für gleichwertige Menschen gehalten, mit Respektlosigkeit gedemütigt (s. Knie); und damit sind sie angepasst, abhängig wie ein Hund von Herrchens Blick und können nach Belieben manipuliert werden. So bilden Kinder, wie z.B. in meinem Fall ‚versteckte Depressionen' = eine Angina Pectoris aus. Das Herz als Mördergrube, gefüllt mit Hass, Wut und Tränen, wie es *Rüdiger Dahlke in „Krankheit als Symbol"* formuliert.

20 Jahre nach seinem Tod ergab es sich mit meinem Vater, dass in einem Seelengespräch meine Frage, warum er ein so unerbittlicher Vater gewesen war, offensichtlich falsch gestellt war. Auch die Frage, was ich durch ihn lernen soll, blieb unbeantwortet. Er antwortete einfach nicht, ließ sich nicht stellen.

Trotzdem dran bleiben, konkret, im Präsens und in direkter Rede! So, wie ich es in meiner Ausbildung gelernt hatte.

Ich: „Lieber Vater, warum setzt Du dich mit mir nicht auseinander?" Überraschend prompt kam diesmal seine Antwort:

Er: „Weil Du Dich mit mir auch nicht auseinandergesetzt hast!"

Ich, sehr verwundert: „Wie bitte? Wo und wann soll das denn gewesen sein?"

Er: „Bevor ich Dich im Jahre 914 als Dein Richter ins Verlies werfen ließ, war ich in einer Inkarnation davor Deine Geliebte gewesen und Du hast mich im Wirtshaus beim Kartenspiel an einen
ganz üblen Kumpan verzockt. Ich lag auf den Knien vor Dir und
flehte Dich an, Du solltest mich nicht an diesen Kerl verspielen.
Doch Du lachtest nur und warst obendrein froh, mich los zu sein.
Ich habe Dich verflucht und gewünscht, im nächsten Leben Dir
wieder aus einer gesicherten Position - da war ich dann der Richter - zu begegnen."

Jetzt wurde mir schlecht. Jetzt war ich nicht mehr nur Opfer sondern auch Täter. Das war zwar über 1000 Jahre her, aber für die
Seele spielt Zeit keine Rolle. Zeitlos wie sie ist, zählt für sie nur das
Sinnhafte, seit wann auch immer die Koordinaten der Handlung
über das Universum ‚verschmiert' waren, wie die Moderne Physik
sagt. Sinnlosigkeit lässt sie nicht verstummen.

Ich hatte ein dickes Problem, und zwar schon sehr, sehr lang,
und keinen Frieden mit meinem Vater, der sogar 2011 noch erd-
gebunden in meiner Aura war und auf mein Geld aufpasste, mich
damit behinderte. Als er heim, ins Bardo, ins Licht geleitet wurde,
klärte sich, warum ich ihn wiedersehen w/sollte, wenngleich ich
mich unerwartet in der ungleich belasteteren Position des Täters
wiederfand, belegt mit einem Fluch.

Wenn die Geistige Welt - Sie dürfen es gern Gott, Allah, Jesus,
Unendliches Bewusstsein, Allmacht, Bauchgefühl, Universum oder
Mutter Natur nennen, aus welchem Glaubenssystem heraus Sie
auch immer denken, fühlen und handeln mögen - wenn die Geistige Welt Ihnen auf Ihr drängendes Fragen diese Botschaft schickt,

sollten Sie sie ernst nehmen und lernen, damit umzugehen. Lassen Sie jetzt alles beim Alten, dürfen Sie sich nicht wundern, wenn auch bei Ihrer Verhaltensstörung oder Krankheit alles beim Alten bleibt, sich möglicherweise sogar verschlechtert (*s. Sollten wir „dran" bleiben?*).

Ihre mögliche Angst, dass Sie jetzt einen Sie überfordernden Prozess vor sich haben, dem Sie nicht gewachsen sein könnten, lässt sich aus reicher Erfahrung entgegnen, dass es nie und nimmer so schlimm wie in der Originalsituation werden wird. Wenn es zu Tränen, sog. Seelenwasser, kommt, sollten sie dankbar erkennen, dass Sie es mit Ihrer Wahrheit zu tun haben und Ihr Projekt, wie wir es dann nennen, ‚auf dem Tisch liegt'. Sie sind in Resonanz und können es bearbeiten und Wandel schaffen. Hier könnte Ihr neues Leben beginnen, wenn Sie es zulassen.

Sie haben immer die Wahl; denn auch Sie haben einen freien Willen mitbekommen. Sie dürfen um Hilfe bitten, sich Geistige Helfer in die zu klärende Situation holen. Dazu sollten Sie nicht zu eitel sein, heißt es doch schon bei Matthäus 7.7: „Bittet, so wird euch gegeben; suchet, so werdet ihr finden; klopfet an, so wird euch aufgetan." Es geht nicht um das machtlose Bodenpersonal der großen Religionen, dem Sie möglicherweise misstrauen. Es geht um die Macht, der Sie sich anvertrauen, **um selbst mächtig zu werden.**

Die Hälfte meiner Arbeit besteht darin, den Menschen wieder zum Glauben zu bringen; und das muss nicht mein eigener sein. Darüber hinaus ist es erhebend zu erfahren, wie sogar Mitmenschen es freudig auf- und annehmen, wenn ich ihnen die Möglichkeit gebe, mir Gutes zu tun. Von der Geistigen Welt ganz zu schweigen.

Doch nun zur Auflösung des Konfliktes mit meinem größten Peiniger, meinem Vater, der mich - ich war schon erwachsen - ganze zwei Mal insgesamt in meinem Leben gelobt hatte. Nur wenn es mir gelänge, ihn spüren zu lassen, wie leid es mir in tiefster Seele tut, was ich ihm als meiner Geliebten vor über 1000 Jahren angetan hatte, wenn ich aufrichtige Reue bekenne und aus Überzeugung der Liebe in meinem Leben die erste Stelle einräume, wäre meine Tat nicht sinnlos gewesen, hätte ich möglicherweise die Chance, mich mit ihm zu versöhnen. Die Seele erstrebt stets das Sinnhafte, will den Wandel hin zu Harmonie und Liebe.

Ich bat Jesus um Hilfe, holte mir die Wirtshausszene vor Augen und spürte hinein, sah, was ich angerichtet hatte, welchen Kummer und welch' große Not ich aus Übermut und im Rausch über meine Geliebte gebracht hatte. Mir krampfte sich die Kehle zu, ich musste heulen wie noch nie zuvor und ich sah die Liebe und die Verzweiflung in ihren Augen, sah meine Kälte und Grausamkeit so deutlich wie nie vorher. Der große Katzenjammer überkam mich und ich glitt zu ihr auf die Holzdielen, umfasste sie, drückte sie an mich. Sie ließ es zu.

„Meine Geliebte, ich bereue aus tiefster Seele mein liebloses Verhalten und was ich Dir antat. Ich spüre, was für ein Schuft ich war und ich verspreche Dir hier im Angesicht Jesu, dass ich mich ab sofort ändere, mein ganzes Verhalten ändere. Das war das letzte Mal, dass Du Dich über mich beklagen musst. Ich habe gelernt und danke Dir für diese Lektion. Bitte vergib mir!"

Sie schaute mir mit einem langen Blick in die Augen: „Ich nehme Deine Reue an. Ich bin mit Dir versöhnt, vergebe Dir und habe Frieden mit Dir. Auch nehme ich den Fluch von Dir." Mit diesen Worten wand sie sich aus meinen Armen. „Danke, Jesus, dass Du mir geholfen hast."

Wir alle waren schon einmal Opfer und Täter und letztlich auf milde Richter angewiesen. Die Seele meines Vaters hatte meine tiefe Reue gespürt, war überzeugt, dass meine Tat nicht sinnlos gewesen war, sondern sich in Liebe gewandelt hatte, die mir künftig den Weg wies. Ich hatte meine Lektion gelernt.

Nur so war es leicht, ihm im anschließenden Seelengespräch wieder zu begegnen.

Und plötzlich verstand ich Jesus bei Matthäus 5,44: „Liebet Eure Feinde; segnet, die Euch fluchen; tut wohl denen, die Euch hassen." Mir wurde vergeben.

Wie kann ich jetzt noch unbarmherzig meinem Vater gegenüber sein. Seine Seele hat mich immer geliebt; es war immer nur sein Verstand, der ‚durchdrehte' und mich noch mit 30 Jahren ängstigte. Es war seine Angst. Er hatte wie ich seine Jugend lang und im gesamten Krieg nur Gewalt erlebt. Jetzt stand er wieder in seiner vollen Massigkeit vor mir und ich konnte ihm in die Augen schauen und ihn annehmen, so, wie er war.

„Mein lieber Vater, ich vergebe Dir, was Du mir angetan hast, was Deine Demütigungen und Deine Lieblosigkeit an Ängsten in mir ausgelöst haben und mich bis heute prägten. Ich bitte Dich, gib mich für mein Leben frei."

Er kam einen Schritt auf mich zu, hielt mir beide Hände mit offenen Handflächen hin und sagte: „Mein lieber Sohn, ich bereue, was ich Dir angetan habe, aus tiefstem Herzen. Ich liebe Dich und habe Dich immer geliebt, auch wenn ich als Vater versagt habe. Ich danke Dir für Deine Liebe und Dein großes Herz. Ich gebe Dich für Dein Leben frei und bin immer für Dich da, wenn Du mich brauchst."

Er kam ganz nah an mich heran, umarmte mich. Uns liefen die Tränen herunter, und augenblicklich war das Bild von seinem Sterbebett da, als er in meinem Beisein gestorben war und noch während er den letzten Schnaufer von sich gab, legte ich mir seine Hände auf meinen Kopf und ließ mich von ihm segnen.

Mit der aufkommenden Ruhe in mir erkannte ich, dass sich sein allererstes Einatmen gerade mit seinem letzten Ausatmen zum abschließenden Atempaar, zu seinem letzten Akt in der Polarität vereint hatte. Dazwischen hatte er sein Leben verbracht.

Es war vollbracht und er war friedlich in seinem eigenen Bett gestorben.

Während nun sein Bild verschwand und tiefer Friede in meine Brust einzog, entspannte sich auch meine Kehle. Meine Tränen flossen noch eine ganze Weile, zum ersten Mal vor Glück. Ich war gerade meinem Vater in Liebe begegnet, hatte erstmals ‚Papa' gesagt.

Jetzt erst konnte ich meine Kniebeschwerden angehen, auflösen und die Demütigungen in Demut transformieren.

Die Rolle der Mutter

Länger als meine Mutter kenne ich in dieser Inkarnation keinen Menschen, und als sie mit 93 Jahren friedlich starb, hatten wir schon Jahre zuvor unsere ‚Unerledigten Geschäfte", wie *Elisabeth Kübler-Ross* sie nannte, erledigt - dachte ich.

Niemals wäre ich auf die Idee gekommen, dass sie mit meiner Migräne, die ich seit meinem 16. Lebensjahr ‚pflegte', irgendetwas zu tun hätte. In frühester Jugend muss ich Mutter auf einen Sockel gestellt haben, von dem ich sie nicht mehr herunter bekam. Ich hatte nur dann eine Riesenwut auf sie, wenn ich mich später daran erinnerte, wie sie mich immer wieder meinem Vater ausgeliefert hatte und er als ausführendes Organ unangemessen hart bis zur brachialen Gewalt über mich hereinbrach. Er beherrschte die Familie und Mutter konnte sich ihm, uns Kindern gegenüber, nie durchsetzen. Da sie mir danach aber immer als Krankenschwester zur Seite stand und meine Wunden verband, musste es wohl so sein. Was soll ein Kind denn tun? Es kennt doch nur diese Eltern. Zu den Prügeln gab es dann Stubenarrest und 14 Tage keinen Nachtisch; Mutter hat die Strafe nie unterlaufen und eine Ausnahme gemacht.

Später, als die Angina Pectoris diagnostiziert worden war und Medikamente gegen hohen Blutdruck genommen werden mussten, war die Frage berechtigt, was mir in meinem Leben diesen Druck beschert hatte, dass er noch mit 50 Jahren körperliche Auswirkungen hatte? Gleichzeitig stand auf der Heilagenda die Migräne, insgesamt 57 Jahre mein wöchentlicher Begleiter; wobei ich die letzten 15 Jahre keine Medikamente mehr einnahm, sondern diese 24-36 Stunden einfach ertrug. Die Angst vor den Nebenwirkungen der Schmerzmittel ließ mir keine andere Wahl, nachdem auch ein vierwöchiger Aufenthalt in der Migräneklinik nichts nachhaltig Positives bewirkte.

Voller Hoffnung griff ich zur bewährten Methode des *Seelenschreibens*, holte mir meine verstorbene Mutter vor mein inneres Auge und klärte mit ihr, jetzt im Detail, meine familiären Nöte und Wirkungen des vielfachen Liebesentzuges, einschließlich des gewaltsamen Abstillens. Dabei griff ich zu einem Trick, um der Wirksamkeit dieser Vorgänge quasi zu kontrollieren:

Als Blutdruckpatient hatte ich den Blutdruckmesser im Anfang immer griffbereit und so konnte ich feststellen, wie der untere und der obere Wert sich während dieser ‚Sitzung' positiv veränderten. Das ging so weit, dass beide innerhalb von 45 Minuten von 170/114 bis auf 138/90 Systolen fielen, so dass die Medikamentengabe allmählich halbiert und ganz ausgeschlichen werden konnte. Entsprechend der Seelenarbeit und ihrem Fortgang dauerte das knapp vier Monate, alles nur auf dem Papier und im stillen Kämmerlein.

Die Hoffnung, die Migräne empfehle sich daraufhin auch, täuschte. Aber dann geschah etwas Merkwürdiges, von mir zunächst gar nicht registriert:

In der Nacht vor dem monatlichen Treffen in der Hamburger Heilgruppe, in der bis zu acht Absolventen von Clemens Kuby-Seminaren eine Zeit lang *Seelenschreiben*® üben und ihnen Nachsorge und Betreuung in ihrem Selbstheilungsprozess zu Teil wird, hatte ich wieder Seelenarbeit geleistet, alles aufgeschrieben, was da aus mir heraus wollte. Auf dem Weg nach Hamburg las ich im Zug dann erstmals und ver-stand nur ‚Bahnhof':

„Manchmal denke ich, das ist gar nicht meine Migräne. Ich weigere mich, sie als meine Migräne anzunehmen." Als ich meinen Text vor der Heilgruppe vorlas, sagte Ingrid zu mir:

Was hast du da gesagt? Ja, vielleicht ist es wirklich nicht Deine Migräne!" Ich schlug mir mit der flachen Hand an die Stirn:

"Genauuuuu! Das ist die Migräne meiner Mutter. Ich habe sie ihr in Liebe abgenommen. Sie hatte sie mir übertragen und war sie los." Ich war so ungläubig überrascht und habe vor der Gruppe am 16. Oktober 2007, zehn Wochen vor dem Jahreswechsel versprochen, dass ich am 31. Dezember 2007 letztmalig Migräne haben werde. Damit hatte ich mich festgelegt und meine Seele konnte sich freuen: Er hat begriffen. Neujahr ist Geburtstag.

Nach meiner Erfahrung bekomme ich dann schon einmal einen Vorschuss, wofür auch immer, was die Kopfschmerzen in meinem Falle etwas milder ausfallen ließen. Das hat aber oft zur Folge, dass die Aufmerksamkeit auf das Projekt nachlässt; denn es sind ja noch zehn Wochen! Hier hilft nur dranbleiben, auf die Zähne beißen und mit der Mutter wieder und wieder schriftlich Seelenkontakt aufnehmen.

Die entscheidende Situation war gleich zu Anfang, als ich sie in der Imagination bat:

"Liebe Mutter, ich weiß jetzt, wessen Migräne ich wöchentlich erleide. Es ist Deine." Sie lebte im Konflikt mit ihrer geliebten Mutter, die selbst unter den Vorwürfen des katholischen Pfarrers, sie müsse auch in einer gemischt-religiösen Ehe die Tochter katholisch erziehen, sehr litt. „Du hattest wundervolle Lehrer und konntest Dein lutherisches Christentum leben. Das wolltest Du auch nicht für Deine Mutter verraten." Sie schaute mich fragend an:

„Mein liebster Sohn, wie soll ich Dir helfen?" Ich nahm ihre stets warmen Hände:

„Mutter, ich kann Deine Migräne nicht heilen, das kannst nur Du und ich bitte Dich jetzt, sie mir in Liebe wieder abzunehmen, damit ich davon frei werde. Und gleichzeitig bitte ich Dich, mich für mein Leben freizugeben, damit ich ein für alle Mal aus der Klammer meiner urfamiliären Not befreit bin und mein eigenes Leben in Liebe und Frieden bis ans Ende leben kann."

Und so geschah es, wie ich es gewünscht hatte. Wir trennten uns in Liebe und völliger Harmonie und sie versicherte mir Ihre Fürsorge und Hilfe als Geisthelfer, wann immer ich sie darum bitten würde.

Das war der erste Teil der Befreiung, um aus dem **Schmerzbild** heraus in ein **Heilbild** zu gelangen. Die langwierigere Arbeit, die noch bevorstand, war, die bisherigen Animositäten daraufhin abzuklopfen, ob sie wieder Ursache für einen Migräneanfall sein könnten:

zu wenig Schlaf, Stress beim Autofahren, zu wenig Bewegung,

Rauchern nicht ausweichen können, unnötiger Lärm, beruflicher Stress, Auseinandersetzung mit nahestehenden Menschen usw.

Dies zu bearbeiten, **immer auf dem Papier**, dauerte ungefähr vier Wochen, bis sich auch diese Ängste aufgelöst hatten. An Silvester hatte ich noch einmal leichtes Kopfweh und seit dem 1.1.2008 bin ich anhaltend frei von Migräne. Halleluja!

Ach ja, ich vergaß: Da war ja auch noch die Angina Pectoris im Abklingen und ich bekam wieder mehr Luft. Diese gute Erfahrung spornte mich an und ich begann auf meinen fast täglichen Solo-Fußmärschen   lauthals zu singen, immer im Freien und ohne Hemmungen. Ich wollte total gesund werden und sang über sechs Monate lang, komponierte dabei zwei Heilungslieder und meine Seele honorierte es. **Luft haben, heißt frei sein.** Das bin ich seitdem.

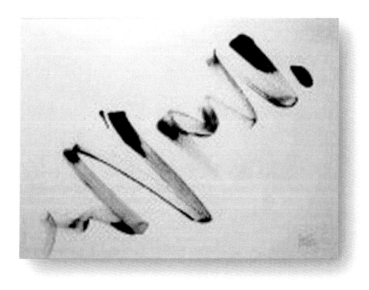

Die späten Krankheiten der traumatisierten Kriegskinder und -enkel

Können Ursachen von Krankheiten der 2. Lebenshälfte in den leidvollen Erfahrungen der traumatisierten Kriegs- und Nachkriegsgeneration begründet sein?

Bringen Afghanistan-Veteranen und die Flüchtlinge der Neuzeit weiteres unaufgelöstes Schmerzpotenzial mit?

Bringen uns Schweigen, Aussitzen, Augen- u. Ohrenverschließen, Nichts-mehr-davon-wissen-wollen und Ignorieren der Opfer- und Täterrolle die ersehnte Ruhe und den inneren Frieden?

Oder zeigt uns - trotz medikamentöser Behandlung - die gestresste Seele mit Demenz/Alzheimer und Parkinson oder auch lästigen Verhaltensstörungen meist schleichend, dass ihre Warnungen ernst genommen werden sollen? Manchmal fängt es auch mit Tinnitus oder Schlaflosigkeit an.

Wenn ich nicht darüber reden will, nichts mehr davon wissen will, was mir und meiner Familie geschah oder ich im Krieg anderen antat, blockiere ich den Zugang zu meiner Seele und die Seele zeigt mir dann, was ich nicht ansehen, worüber ich nicht reden will, in meinen körperlichen Symptomen auf. **Sie überträgt auf die körperliche Ebene das, was ich geistig-seelisch nicht bearbeiten will.**

Wenn ich nichts mehr wissen will (z. B. von meinem Anteil am Krieg, als Opfer und Täter), es bewusst vergessen will, dann vergesse ich nicht nur das Trauma, sondern zuletzt mein ganzes gelebtes Leben. Ich flüchte aus meinem Leben, habe damit nichts mehr zu tun, schwindele ich mir vor. Wundere ich mich dann noch, dass mir oft schwindelig ist?

Als geheiltes traumatisiertes Kriegskind habe ich in der täglichen Praxis ein geschultes Auge für die diffusen Befindlichkeiten und achte gezielt auf Patienten mit Ausfallerscheinungen und ungeklärten Symptomen, von Schlaflosigkeit, Depressionen, Herz-Kreislauf- und Prostataproblemen bis hin zur Unfähigkeit, mit der Familie den Alltag zu leben. Oftmals kommen sie schon mit dem Stempel ,austherapiert'. Ich persönlich hatte ,Glück', war in der aktuellen Inkarnation ,nur' Opfer; aber was ist mit den Tätern und deren Opfern?

Woran ersticken sie fast oder werden davon erdrückt? Menschen bringen in Kriegen Menschen um, die sie nicht einmal kennen. Die Opfer geistern nachts noch Jahrzehnte lang in ihren Räumen und Träumen umher.

Denken wir an die Millionen vergewaltigter deutscher Frauen durch Besatzer und auf der Flucht, zuzüglich an die Übergriffe der Deutschen Wehrmacht an ausländischen Frauen, die Millionen auf Flucht und durch Vertreibung, sehen wir ein riesiges Gewaltpotenzial, das nicht zuletzt die Familienstrukturen zerstörte. Oder schauen wir uns die 25 Millionen deutsche Kinder an, die nach dem Zweiten Weltkrieg ohne Väter aufwuchsen, mit psychisch müden Müttern. Hinter jeder Kriegerwitwe stehen 2 - 3 traumatisierte Kinder, gar Enkel.

Wenn der 1. Weltkrieg die Männer zerstörte, so hinterließ das 3. Reich und sein Krieg zerstörte Familien. Sollen diese dramatischen Ereignisse für die Seelen keine traumatischen Auswirkungen haben und Blockaden bewirken können?

Wozu soll denn das Leiden gut sein? Warum währt die große (Vor-)Freude auf die ersehnte und verdiente Rente oft nur so kurz? **Was ist not-wendig; was wendet Not?**

Ich kann niemandem sagen, wann es zu spät für eine Heilung oder Verzögerung des Verlaufes der Krankheit ist. Das weiß nur die Geistige Welt. In jedem Falle aber mache ich die Heilsuchenden darauf aufmerksam, dass, wenn sie zu lange mit der Aufarbeitung warten, sie ihren **Gestaltungsspielraum** verlieren und nur noch hilflose Opfer sind und gelebt werden, statt aktiv zu leben.

Die Aktivitäten der Existenzsicherung und für die Familie, der Stress eines Arbeitslebens, aber auch die Freizeithektik insgesamt schränkten über Jahre die Lebensqualität und die Gesundheit ein. Den Rest besorgte der Suchtmittelkonsum (Tabletten, Nikotin, Alkohol, Sex) einschließlich Drogen.

Doch in der zweiten Hälfte des Lebens hält der Deckel auf dem brodelnden Wasserkessel längst nicht mehr dem Innendruck stand. Die Seele will nicht länger schweigen (s. *der Fall eines sehr bekannten Fussballmanagers*). **Es geht um rechtzeitige Einsicht statt letztendliche Einfalt.**

Dieses Kapitel ist ein Plädoyer: **Spielen Sie nicht auf Zeit**; Motto: Nach dem Renteneintritt wird alles anders und besser. Jetzt will ich endlich genießen! Warten Sie nicht tatenlos und dem

Schicksal ergeben, bis es zu spät zum Gestalten und zum Wandel ist. Befassen Sie sich endlich und voll bewusst mit sich selbst, nehmen Sie mit Ihrer Seele Kontakt auf!

Hilfe und Chance liegen in der Bewusstwerdung über die eigene Biographie und die ungeklärten Symptome, mit denen Klienten schon viele Jahre vor dem Ausbruch der Krankheit kämpfen und an denen sie durch die eigene Ignoranz und mangelnde fachliche Hilfe schier ver-zwei-feln. Ganz zu schweigen von den übervollen Wartezimmern. Und doch ist mit dem radikalen Wandel des Bewusstseins wie von selbst die heilsame Veränderung möglich. Es geht auch um die neuen - *eigentlichen - Ziele* im Leben (s. dort).

Wenn wir die frühzeitige seelisch-geistige Prophylaxe als Teil der Heilung ignorieren - aus Angst oder eigener Bequemlichkeit, dann gibt es keine Wunder, **dann ist es eben leichter zu leiden als zu lernen**, wie Clemens Kuby sagt. Kinder und Enkel wollen wissen, wer ihre Eltern und Großeltern sind. Öffnen Sie sich, kommunizieren sie mit ihrer Familie und werden Sie Meister Ihres Lebens.

Werden Sie heil. Alter ist nur ein Vorwand. Jeder Betroffene hat mit seiner subjektiven Leidensgeschichte - als Opfer und Täter - die Möglichkeit, aus sich heraus seinen Wandel zu mehr Liebe und Frieden als die sinnhafte Lehre zu vollziehen und der Gemeinschaft zu schenken.

Und einen Apell richte ich an die zahlreichen freiwilligen Helfer der neuesten Flüchtlingsintegration: Wenn Sie Ihre eigenen Kriegs- und Nachkriegsnöte bisher ‚unter Verschluss' gehalten haben, werden Sie unbewusst mit Ihrer Fürsorge auch Ihre noch

nicht aufgelösten ‚Schatten' weitergeben und den Integrations-
prozess konterkarieren.

Rüdiger Dahlke und 70 ml Wasser im Knie – ein unerwartetes Geschenk des Kosmos

Noch während der Schmerzbildphase bei der Um-schreibung meines Vaterprojektes bekam ich Probleme mit dem rechten Knie (Vater). Es waren bereits einmal 50 ml Gewebeflüssigkeit und ein andermal 70 ml durch Punktionen aus dem Knie gesogen worden. Der Orthopäde meinte, wir würden uns bald zur Ausschabung und wahrscheinlich auch zur OP wieder sehen. Es wurde mein fester Wille, das zu vermeiden.

Zu dieser Zeit hörte ich bei Rüdiger Dahlke die ‚Archetypische Medizin I und II'. Im Laufe dieser Tage schwoll das rechte Knie wieder so sehr an, dass ich mich nur noch stark hinkend bewegen konnte und hilflos ein Gespräch mit Rüdiger Dahlke suchte, aber es ergab sich keine Gelegenheit. In meiner Not, mich in Österreich auf völlig unbekanntem Gebiet zu bewegen und keine Ansprechpartner in einer orthopädischen Praxis zu kennen, besann ich mich wieder auf die Geistige Welt und betete darum, mir Mittel und Wege zu zeigen, wie die vermuteten 70 ml Wasser wieder aus dem Kniegelenk herauskämen, damit ich nicht mehr unter großen Schmerzen hinken musste.

Ich verließ das Auditorium und begab mich in das Foyer, ging auf eine Sesselgruppe zu und war nur bestrebt, das Bein hoch zu legen. Ich setzte mich. Zunächst unbemerkt von mir beobachtete mich aus einer anderen Sesselecke eine junge Frau, die mein Bemühen um mein Knie aufmerksam gemacht hatte. Sie kam zu mir, sagte mir, sie sei auch vor dem Trommellärm in der Veranstaltung geflohen und ob sie mir helfen könne. Kurzerhand: Sie war eine Reiki-Meister- und Lehrerin und leitete mir innerhalb von 16 Stunden die Flüssigkeit über die Lymphe aus dem Knie aus.

Was war jetzt das Geschenk? Rüdiger Dahlke hatte keine Zeit für mich und mein Vertrauen in die Geistige Welt hatte sich schon wieder innerhalb kürzester Zeit bewährt. Die Hilfe wartete schon vor der Tür.

Nachdem die Flüssigkeit restlos ausgeleitet war, ging ich an das eigentliche Projekt, wie oben beschrieben und zusätzlich gab ich dem Knie noch Energie in Form dieser Affirmation:

„Rechtes Knie ist ganz locker, gut durchblutet, völlig entspannt und schmerzfrei; und das Wasser ist und bleibt genau dort, wo es hingehört."

Mein Glaube hatte mir wieder einmal geholfen. Das war 2007. Bei unseren strammen 6 km-Spaziergängen ein über den anderen Tag mit meiner einzigartigen Frau versieht es zu meiner und ihrer Freude weiterhin uneingeschränkt seinen Dienst.

Große Ursache - noch größere Wirkung
Knickerbocker im Hochsommer

Für einen 13-jährigen war es eine schreckliche Zeit: Weil die Eltern immer nur an den Wiederaufbau und ihr Geschäft dachten, waren sie schon jahrelang bis 20 Uhr außer Haus und der Junge blieb sich selbst überlassen, brauchte aber erstmalig Nachhilfe-unterricht in der Untertertia. Er geriet an einen ehemaligen Stadt-syndikus, der, statt ihn aufzubauen und ihm zu helfen, in dessen kurzen Hosenbeinen herumfummelte und sich nach oben durch-arbeiten wollte.

Da keine Aufsicht bestand und jegliche Vertraute fehlten, be-merkte auch keiner, dass er im Hochsommer in langen Knickerbo-ckern die Nachhilfestunde besuchte. Als diese Übergriffe nicht nachließen, begann er zu schwänzen, arbeitete die Schularbeiten **und** die Aufgaben der Nachhilfe nicht auf und kassierte nur noch schlechte Noten. Es kam, wie es kommen musste: Der feine Herr wandte sich an die Schule und für den Jungen setzte es die letzten väterlichen Prügel seines Lebens.

Wo kein Vertrauen zu den Eltern besteht, gibt es auf Fragen des allgewaltigen Vaters auch nicht die gewünschten vertrauensvollen Antworten: „Ich weiß nicht" wurde als Verstocktheit gewertet und nicht akzeptiert. Der Nachhilfelehrer kam ungeschoren davon. Später habe ich ihn in einem eigenen Projekt transformiert.

Fazit: Nach acht Jahren Schule vom Gymnasium genommen und ‚notgedrungen' in eine Lehre gesteckt zu werden, war ein ganz schlechter Start in ein ‚musisches' Leben. Es dauerte nach zwei Lehrberufen noch bis zum 28. Lebensjahr, als erstmals ein Oberstudienrat der gymnasialen Oberstufe nach dem Lesen mei-nes Manuskriptes für einen 20-Minuten-Vortrag vor 250 Fachleu-ten an der Bundesanstalt für Getreideverarbeitung seiner größten Verwunderung Ausdruck verlieh. Er wäre nie darauf gekommen, dass ich kein Abitur hätte. Jeder Anwesende konnte sehen, wie groß und erwachsen ich plötzlich wurde. Die ganze Schinderei, das Lernen und Wissen-aufsaugen hatte sich gelohnt. Ich war ,Wer'.

Wer den Lebensverlauf ,unbeantworteter Kinder' verfolgt, spürt sehr bald, wie sie sich durch ihr Leben hangeln müssen, ohne Förderung und Führung, lediglich gefordert, dem Standard der Elternvorgabe zu entsprechen.

Was bleibt ihnen anderes übrig, als zu „Papiertigern" zu werden, sogenannten *A-de-beis (Auch-dabei-Seiende)*, wie es in Bayern heißt, die überall mitreden wollen. Menschen, die trotz Halbwissen überall ihre Nase drin haben, aber nicht mehr schaffen, als sich dabei total zu verausgaben.

Sie hecheln hinter ihren Eltern, Chefs und Partnern her und erreichen sie nie. Angina Pectoris, die versteckte Depression lässt grüßen. Sie bemerken gar nicht, wie depressiv sie sind.

Diese Menschen spüren überhaupt nicht, dass es ihnen schlecht geht. Die Erkenntnis, warum ich nachträglich so unsäglich viel lernen musste und intuitiv wollte, vermittelte mir mit 30 Jahren ein wohlwollender, wissender Freund, als er meine beiden, wirklich die anderen Zehen überragenden großen Zehen sah:

„Hinter großen 1. Zehen steckt die Aufforderung: Lernen, lernen, lernen, sonst wird's peinlich!"

Kaum eine andere Offenbarung um meine Person ließ mich so aufhorchen und änderte mein Verhalten. Dem Papiertiger ging die Luft aus.

Die entwurzelte Kinderseele - sich trennen müssen - frühe Erfahrung mit Verlusten - eine Schule des Loslassens

Wenn ich so die Häufigkeit nötiger Trennungen in meinem Leben, für die Kindheit darf ich ruhig Gehäuftheit sagen, anschaue und auch überhaupt nicht bewerte, wer das zu verantworten hat und ob es klug und richtig war, so bleibt doch eine berechtigte Frage offen:

Welcher Sinn steckt dahinter? Wozu diente es mir für mein Leben? Was sollte ich lernen? Wozu diente es anderen?

Abschied nehmen? Loslassen? Nicht zurückschauen? Nicht nachweinen? Relativieren lernen? Offen bleiben und neugierig auf das Kommende? Erkennen, dass dort, wo eine Tür zugeht, auch eine andere sich öffnet? Was wird, vergeht!? Dass ich immer noch mich selbst habe?

Ich würde es annehmen, wenn man mir ein Patent für die Erfindung des Loslassens anböte, allerdings muss es für ein Kind von acht Jahren - und das passiert heute noch täglich rund um den Globus -, extrem destabilisierend wirken, wenn diese zarten Wurzeln immer wieder ausgerissen und woanders neu eingepflanzt werden. Da bleibt keine Verbindung zur Heimat, zum Boden, zur Familie, zu Lehrern, Vorbildern und zu Freunden. Da wuchs mir kein Möbelstück oder Haus ans Herz. Allenfalls Menschen, die mich annahmen, mir Gutes nach ihren Möglichkeiten taten und eine Weile meinen Weg bestimmten. Und doch ist da ein Sinn zu entdecken. Da bin ich mir ganz sicher. Wo ist da der ‚rote' Faden, der zuletzt zum ‚goldenen' werden könnte?

Allenfalls die Sprache und da ist es nicht verwunderlich, dass ich mir mit Merkur-Zwilling **„Kommunikation und Austausch"** als archetypische Aufgaben ausgesucht hatte.

Merkur (Luftelement) ist Sohn des Göttervaters Zeus und der Nymphe Maja, sehr flüchtig unterwegs und nach dem senkrechten Weltbild als Gott der Wege jeglicher Art (Luft-, Wasserwege, Nerven- und Blutbahnen), der Kommunikation und des **Austauschs**, einschließlich der Diebe und der Weissagung, und jeglicher Information verpflichtet. Er ist viel beschäftigt. Als unsterblicher Götterbote ist Merkur (röm.), griech. Hermes, für so ziemlich alles zuständig, vor allem das, was funktionieren muss, ebenfalls für Magie, Reisen, Handel treiben und das Seelengeleit in den Hades.

In seiner ‚unerlösten Form' ist er der Trickser, stiehlt seinem Bruder-Gott Apollon 50 junge Rinder aus dessen Herde und als Apollon das herausfindet und wütend wird, schenkt er ihm eine selbst gefertigte sieben-saitige Leier aus Schildpatt, sein erstes kreatives Werk, von der dieser als Gott der Künste so begeistert ist, dass er seinem Bruder verzeiht und ihm die Rinder schenkt. Soweit der Trickser.

In seiner ‚erlösten Form' - und da ist eine Inkarnation allein kaum ausreichend - ist er der Heiler und da kommt jetzt Sinn in das Loslassen-können, in den liebevollen Abschied, in die demütige Geste des Verzeihens in Liebe und in die Annahme des **Austau-**

sches auf Seelenebene mit den kranken Heilsuchenden. Wir haben alles in uns und ich meinen Archetyp Hermes-Merkur, den ich mir aussuchte und der mir mit seiner Entwicklung im Verlaufe meines langen Lebens zum Vorbild wurde.

Kommunikation funktioniert auf allen Ebenen. Es ist ein modernes Wort für Liebe. Buddha antwortet auf die Frage, was Liebe sei: *„Du redest und ich höre Dir zu."*

Mit 80 ein Studium angehen,
es mit Begeisterung absolvieren.

Als Praktiker gefällt es mir naturgemäß ausnehmend gut, dass mein Geist, im Gegensatz zu meinem Körper, nichts an Jugendlichkeit verlieren muss. So bedurfte es auch im 80. Lebensjahr keiner 2. Aufforderung, mich noch einmal einer 16-monatigen Aufgabe zu stellen und ich schrieb mich bei Clemens Kuby zum Studiengang „Mental Healing® – die kubymethode" ein. Siebzehn Studenten starteten, 6 blieben übrig und bestanden. Zunächst fand ich es gar nicht erwähnenswert, als ältester und einziger männlicher Teilnehmer die Hürde zu nehmen. Dann wurde mir aber bewusst, dass mein berufslebenslanges Training, einfach anzufangen und mit Gottvertrauen zu tun, keinerlei Zwei-fel am Gelingen aufkommen ließ. **Nicht Reden und Wünschen verändert, sondern zuvorderst TUN.**

Wenn ich mich dazu entschließe, mein Leben zu ent-wickeln, mich aus meinen bisherigen Verstrickungen herauswinden will und neue Wege gehe, sind es wieder die hilfreichen Geister, die bereitstehen. Sie helfen mir mit Ausdauer, Stärke und Kraft und wollen dabei sein. Da ist es nebensächlich, ob es sich um ein neues Studium oder um eine Bewusstseinsänderung im Rahmen einer Verbesserung und Heilung aus meinem Kranksein heraus handelt.

Ralph Waldo Emerson sagt dazu in seinem Essay ‚Kreise': „Wenn wir mit dem Umgang haben, was über uns erhaben ist, dann werden wir nicht alt, sondern jung." Und weiter: „Nichts Großes wurde je ohne Begeisterung vollbracht. Der Weg des Lebens ist wunderbar. Er beruht auf der völligen Hingabe."

Und ganz zuletzt bin ich mir sicher: Ab einem gewissen Alter wird der Mensch nicht mehr älter; er verwittert nur noch.

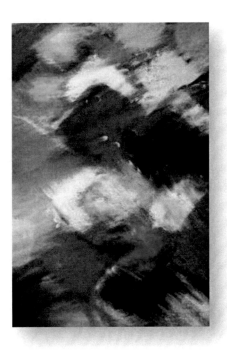

Die Stimme des kleinen John

1992 sitze ich in Veldhoven/NL zu Füßen von Barry Long, genannt ‚der Weise des Westens' und höre seinen mehrstündigen Vortrag ‚A Day of Being'. Ich lasse mich einfangen von seiner typischen Art, durch subjektive Schicksale in der Diskussion die allgemeinverbindlichen Zusammenhänge zu beschreiben. Meine Aufmerksamkeit ist ungeteilt.

Da ertönt von außerhalb der Mauern des Königlichen Schlosses die glockenreine, engelsgleiche Stimme eines Kindes, das sich ein Lied singt, völlig absichtslos und in sich versunken, scheint es mir. Mir schießen die Tränen in die Augen. Ich gehe total in Resonanz: So war ich als Kind, so träumerisch und verletzlich, so rein und unschuldig.

Was haben die aus mir gemacht? Hätten sie mich nicht so fröhlich lassen können. Stattdessen war ich gefühlsbesoffen geworden und voller Selbstmitleid, verscheuchte sogar willige Frauen damit. Ich heulte wie ein Schlosshund, stand auf und ging raus. Ich musste das Kind sehen, konnte mich gerade noch zurücknehmen, damit ich den kleinen englischen Jungen, der sang, nicht erschreckte.

Er spielte, wie nur ein glückliches Kind spielen kann, unter einem Baum im Park, unbekümmert und in völligem Vertrauen, dass seine Eltern wieder vom Vortrag zu ihm in den Garten kommen würden, was sie auch taten. John sollte die Zuhörer nicht länger ablenken.

In diesen Minuten hätte ich alles dafür gegeben, wieder ein Kind zu sein. Die Tränen trockneten erst sehr langsam, und heute, nach all den Jahrzehnten voller Seelenarbeit, wieder erlangter stabiler Gesundheit und dankbar unterwegs als primär geistiges Wesen, frage ich mich immer noch, ob denn dieses Verlangen nach Geborgenheit und Liebe eines Kindes bei mir jemals aufhört.

Ob es erfolgreiche TV-Dokumentationen über das Wiederfinden von Schwestern nach 60 Jahren (das sind keine Schauspieler), erstmaliges Treffen zwischen Sohn und Vater nach 40 Jahren oder 70 Jahre nach Kriegsende die Filme über die Heimkehr der Väter zur Familie sind; immer treffen sie mich ganz tief in meinem Sein.

Der einzige Unterschied zum Treffen mit John und heute: Es sind Freudentränen, unfassbares Glück und Mitgefühl. Möge es nie aufhören.

Chin Shengt'an, der große impressionistische Dichter des 17. Jahrhunderts hat uns eine Aufzählung der glücklichen Augenblicke in seinem Leben hinterlassen.

Alle enden mit der Frage: „Ist das vielleicht nicht Glück?" Lin Yutang hielt sie in seinem ‚Festmahl des Lebens' fest. Ich füge einen hinzu:

„In einem besinnlichen Moment aus dem Garten unverhofft den glockenreinen Gesang eines Kindes zu hören, das mit sich eins ist und wissen: So war ich. Ist das vielleicht nicht Glück?"

Wie funktioniert Alltagstauglichkeit?
Der Zahnputztest

Um es vorweg zu nehmen: **Immer nur jetzt.** Ich kann meinen Partner nicht morgen lieben, nur jetzt. Morgen ist ein anderes Jetzt. Ich kann mich selbst nicht erst lieben, wenn ich z. B. keine Schweißfüße mehr habe. Ich kann mich nur jetzt lieben, mit den Schweißfüßen. Ist das schwer zu verstehen? Ja? Dann starten wir jetzt den Zahnputztest:

Sie haben erkannt, was Sie ein Leben lang eingeengt und bevormundet hat und machen das an der Respektlosigkeit in ihrer Familie seit Kindheit an fest. Sie wissen jetzt, dass Sie Respekt von anderen nur verlangen können, wenn sie sich selbst respektieren. Gehen Sie daher heute Abend nach dem Zähneputzen, vor dem Zubettgehen und nach ihren letzten Verrichtungen im Badezimmer hin und schreiben Sie mit Lippenstift oder Seife an Ihren Spiegel folgende Erkenntnis:

Hier putzt die Nummer 1 die Zähne! Sie setzen dann noch Ihren Namen drunter, werfen einen letzter Blick drauf und ab geht's ins Bett.

Was passiert am nächsten Morgen, wenn Sie Ihren Text erstmals wieder lesen? Sind Sie überrascht, erschreckt ob ihrer Kühnheit, gar kurz davor, ihn wieder wegzuwischen, bevor es ‚jemand' sieht? Oder sind Sie schon so gereift und von der Richtigkeit ihres neuen Verhaltens überzeugt, dass Sie lächeln? Was macht jetzt der Spiegel? Dumme Frage. Er lächelt zurück. Überrascht Sie das?

Nun stellen Sie sich vor, Sie gehen durch die Fußgängerzone schwingenden Schrittes und haben ein gewinnendes Lächeln auf den Lippen. Der gleiche Effekt tritt ein: Wer Sie sieht, wird zurücklächeln.

Was passiert aber im Badezimmer, wenn der Nächste zur Tür herein kommt und ihr ‚Geschmiere' liest? „Mama, was soll das?" Oder vom Partner: „Bist Du jetzt total durchgeknallt?" Was antworten Sie?

Eine schlüssige Reaktion, begründet in Ihrem veränderten Verhalten, könnte doch sein: Sie stehen dazu und bieten an: „Du kannst ja in die andere Ecke des Spiegels den gleichen Text schreiben, aber vergiss nicht zu unterschreiben; denn wo der Name steht, steht der Kopf!"

Warum setzen wir uns damit auseinander? Weil alles einfach ist. Alexander M. Faßbender sagt dazu. *„Wenn es nicht einfach geht, dann geht es einfach nicht."* Nur unser Verstand macht das alles so kompliziert und wir leiden unter diesen Prägungen möglicherweise schon ein Leben lang.

Wenn wir jetzt mit der Familie und Freunden in eine Diskussion über so ‚einfache' Dinge geraten, sollten wir auch den Hintergrund parat haben, der uns diese Erkenntnis am Badezimmerspiegel vermittelt hat.

Schon Goethe sagt unter *„Bürgerpflicht: Jeder kehre vor seiner Tür und rein ist jedes Stadtquartier."* Wir können statt Stadtquartier (des Reimes wegen) auch ‚die ganze Welt' sagen und meinen ‚unsere kleine' Welt. Etwas anderes können wir zunächst ohnehin nicht ändern. Nicht den Partner, nicht die Freunde …. nur uns selbst, **die Nr. 1 in unserem Leben**. Und das haben Sie bereits bewiesen. Ob ‚die anderen' das billigen, ist deren Einsicht vorbehalten. Vertrauen dürfen sie darauf, wenn Sie durchhalten.

Nun schaut die Alltagstauglichkeit wieder um die Ecke und wird Sie prüfen. Lassen Sie sich den rüden Ton in Ihrer Familie weiter gefallen? Fordern Sie Respekt für sich ein? „Mama, was ist denn mit Dir auf einmal los?" Oder vom Partner: „Du bist neuerdings so schwiiiierig!"

Es kann auch passieren, dass sie von ihren Kindern gestellt werden, die ihr Statement plötzlich in Kritik ummünzen:

„Mama, dem Papa gegenüber hast Du Dich aber nicht als die Nr. 1 in Deinem Leben gezeigt. Der darf ja wohl alles!?" Oder:

„Papa, die Nr. 1 in Deinem Leben lässt sich aber oft genug von der Mama über den Mund fahren!"

Auf diese Auseinandersetzungen sollten Sie sich einstellen und auch erkennen, dass Sie nicht jede ihrer Bitten oder Forderungen erklären müssen. Wenn Sie zu sich stehen, können Sie auch sagen: **„Ich will das so!"** Haben Sie jetzt Angst, nicht mehr geliebt zu werden?

Für Liebe müssen Sie überhaupt nichts leisten. Was sollte das für eine Liebe sein? Eine Leistungsliebe allenfalls, und wenn einer die Leistung verweigert und den Müll nicht mehr runter bringt, wird er nicht mehr geliebt? Eine Bedingungsliebe? Ich liebe Dich nur unter dieser Bedingung? Das könnte Ihr Lieblingssatz werden:

Ich weigere mich - unwiderruflich! Ich weigere mich, mit Dir weiter in diesem Ton zu reden, mir 20 Mal am Tag ‚Scheiße' anhören zu müssen.

Ich weigere mich **unwiderruflich**, Dir jeden Wunsch von den Lippen ablesen zu wollen.

Ich weigere mich, Deine Gedanken lesen zu müssen.

Ich weigere mich, Dir gefallen zu wollen und trotzdem übersehen zu werden.

Mit diesem **Vor**-satz zu Ihren Bekenntnissen meiden Sie Negationen in emotionalen Situationen: **Nein, Nicht, Nie, Niemand, Niemals, Kein, eben alle Negativa**, die der Kosmos nicht hört; denn der will sich entwickeln, will Harmonie. Sonst kann es passieren und es ergeht Ihnen wie mir am Anfang meiner Wandlungen, als ich ausrief: „Das lasse ich mit mir nicht mehr machen", und da das Universum das „NICHT" überhört, bekam ich es „mehr" und „mehr" und „mehr". Auch wiederum so einfach.

Die Nr. 1 tut also gut daran, sich der **Gedankenhygiene** zu verpflichten. Und nehmen Sie die Mitglieder Ihrer Ur-Familie nicht aus, wenn Sie sich wie neugeboren präsentieren. Und so ganz nebenbei und obendrauf ist Kindererziehung wieder einmal Selbsterziehung.

Wir wissen ja, **Kinder** (aber auch Erwachsene) **verschließen die Ohren vor Predigten und öffnen die Augen vor Beispielen.**

So arbeitet der Kosmos – des Managers Hündin

Seit Jahren geistert mir immer dann, wenn ich an die Regie des Kosmos denke, eine Geschichte durch den Kopf, die ich irgendwo aufgeschnappt habe. Darin geht es um einen Top-Manager im Personalwesen, der auf eine Fortbildung sollte, um seine Abteilung noch effizienter zu machen. Das kennt man ja. Szenenwechsel!

Der Mann hat eine Hündin, der er seit 2 (zwei) Jahren nicht beibringen kann, dass der Wohnzimmerteppich nicht der rechte Platz für ihre täglichen großen und kleinen ‚Geschäfte' ist. Er selbst war von sehr robuster Ausdrucksweise und eines seiner Lieblingswörter war: Scheiße. Na, die konnte er ja nun täglich wegwischen.

Szenenwechsel!

Der Mann erkennt auf dem Führungsseminar, dass er selbst wohl ein riesengroßer Macho und ein richtiges Ekel ist und nimmt sich vor, das sofort zu ändern und auf seine Worte besser zu achten, vor allem aber sich seiner Umgebung und den Angestellten gegenüber eines gepflegteren Umgangstons zu befleißigen. Das Fluchen will er ganz lassen. Nach dem Motto: Wenn Du Dich änderst, ändert sich die Welt.

Der Tag, an dem er wieder auf seine Hündin zu Hause trifft, ist der Erste, an dem sie sein Wohnzimmer nicht mehr zweckentfremdet. Er hatte gelernt. - Ach so, ich vergaß:

Die Hündin war nicht auf dem Seminar gewesen.

Affirmationen erleichtern die Umsetzung unseres Wandels im Alltag – Über Gedankenhygiene

Jeder von uns kennt und gebraucht alltäglich Affirmationen, in die er sich flüchtet, wenn's ‚eng' oder ‚mulmig' wird. Ob das ein „Gott steh' mir bei", ein „Gott bewahre", ein „Das glaube ich einfach nicht", „das darf nicht wahr sein" oder gar ein „so eine Scheiße" ist. Immer geht es darum, etwas abzuschwächen, zu vermeiden, zu unterstreichen, zu beschwören. Als schlechte Gewohnheiten, Redensarten oder Ticks abgetan, bleiben es doch Affirmationen, sind somit Beteuerungen, Unterstützungen, die mit Bejahung, Zustimmung oder auch Ablehnung zu tun haben.

Nun fällt so ein Wort ja nicht einfach vom Himmel und nach den Gesetzen der Geistigen Welt fängt alles mit dem Gedanken an:

Erst kommt der Gedanke,
dann kommt das **Wort**,
dann die **Tat**;
daraus werden die **Gewohnheiten** und
so kommen wir letztlich zu unserem **Charakter**.

Dieses Gesetz ist keine menschliche Erfindung sondern ein Schicksalsgesetz, dem wir uns nicht trickreich entziehen können. Unflätige oder unedle Worte entspringen also unseren unedlen Gedanken, fallen nicht einfach aus unserem Mund.

Daher beginnt Gedankenhygiene auch im Kopf. Wir müssen uns überlegen, was wir denken und sagen: täglich, stündlich, minütlich von uns geben, nicht nur in der Erziehung unserer Kinder, erst recht in unserem Heilungsprozess. Dort soll sich ja etwas verbessern, soll etwas Krankes gesunden, gar heilen.

Wenn wir das nicht wahr-nehmen und wie bisher noch 20 Jahre weiter machen wollen, dürfen wir uns nicht wundern, wenn wir dann dort ankommen, wo wir heute stehen; gar noch kranker und ver-zwei-felter, wenn wir überhaupt durchhalten. Es ist somit ein Gebot der Selbstachtung und Selbstdisziplin, wenn wir alte (schlechte) Gewohnheiten loslassen und unseren Heilungsprozess mit aufbauenden, bekömmlicheren zielgerichtet unterstützen. Da kommen die Affirmationen ins Spiel.

Das fängt damit an, dass wir uns überlegen, was wir denken, welche Gedanken wir zulassen. Entspringen sie der Ver-zwei-flung, der Liebe, dem Hass, der Wut, der Empathie oder bewegen sie sich und uns im ‚Hamsterrad', finden kein Ende und lassen uns nicht zur Ruhe kommen. Nur für Hamster geht es scheinbar nach oben.

Woher kommen sie? Sind das familiäre Denkmuster, Prägungen (s. Kapitel *Glaubenssätze*), die wir ‚mit der Muttermilch' eingesogen und nie hinterfragt haben?

Was machen sie mit uns? Verwickeln sie uns in ominöse ‚Schuld und Sünde'?

Wer beherrschte uns damit seit unserer Kindheit und Jugend?

Dieser ureigene Prozess gehört aufs Papier. Wir lesen uns den Text **laut vor, reflektieren** sofort, spüren dabei die Emotionalität und erkennen, was da ‚hochkommt'; denn wenn etwas hoch kommt, dann sind wir an unseren ungestillten Bedürfnissen, an der erduldeten Lieblosigkeit, der hilflosen Einsamkeit, an unserem Mangel, durchgemangelt und seelisch mangelhaft genährt von den Protagonisten unserer frühen Jahre, so dass wir uns selbst nur mangelhaft nähren können. Wir spüren die Kränkungen, die uns krank machten, die fehlenden Wurzeln und die Ohnmacht, die uns ein Leben lang begleitete, eingeschlossen die täglichen Demütigungen.

Das alles steht jetzt auf dem tränenfeuchten Papier. Das ist gut so. Wir können es uns immer wieder **laut vorlesen**, noch mehr in Resonanz gehen und wütend damit umgehen, ja **wütend**.

Das ist aber kein Selbstzweck, sonst dauert es nicht lange und wir sind ein Häufchen Selbstmitleid, was wir uns überhaupt nicht leisten können. Ruinöser können wir nicht mit uns umgehen.

Jetzt können wir uns verstehen und ahnen, warum wir so geworden sind, wie wir sind und beginnen, uns so anzunehmen, wie wir sind und möglicherweise erkennen wir schon, dass wir nur durch die Wüste zu Oasen gelangen.

Wir wissen, dass es da hinten eine Oase gibt, Labsal für unsere dürstende Seele bereit steht und darauf vertrauen können, dass wir - anfangs möglichweise durch fremde Hilfe - gesund werden und Heilung an Körper und Seele finden können. Wir müssen nur wollen und das beginnt im Kopf.

Übersetzt in unseren Alltag meint das:

Wir fangen jetzt an. Wir bitten oder beten um Klarheit, klare Gedanken, nehmen unsere Seele endlich ernst, und die Botschaft unserer Krankheit erkennen wir dankbar als eine gute Botschaft, die uns wachgerüttelt hat, bevor wir uns dem Selbstmitleid völlig überlassen hätten.

Bruno Gröning, der in den 50er Jahren Zehntausende ansprach und ihnen zur Heilung verhalf, sagte: **„Vertraue und glaube. Es hilft und heilt die göttliche Kraft."** Eine Affirmation, die Tausende Kriegskranker und -krüppel wieder auf den Weg der Gesundung brachte, teilweise spontan die Krücken wegwerfen ließ.

Erstellen Sie sich Ihre eigenen Affirmationen/Mantras, die Sie vervielfältigen, und legen Sie die Zettel dahin, wo sie immer wieder darüber ‚stolpern'. Lesen Sie sich diese eigenen Mantras immer wieder **laut** vor und zwar so lange, bis sie überflüssig sind, weil sie sich verwirklichten, zu Ihrer Wirklichkeit wurden. Und wenn Sie spüren, der Text sollte noch wirkungsvoller sein, dann ändern Sie ihn ohne Scheu oder Scham.

Dann wird Ihnen auch keiner mehr die Erkenntnis abhandeln können, dass **Gesundheit eine Frage der Philosophie** ist; dann sind Sie schon bei Ihrem gewandelten Glaubenskonzept angekommen. Woran glauben Sie? Welches Konzept soll Sie heilen?

Ihre Affirmationen müssen jedoch vorher laut eingeübt sein, damit sie Ihnen auch im Ernstfall zur Verfügung stehen und ihre heilsame Wirkung verbreiten können.

Religion im Tun und der Paradigmenwechsel

Als ich schon über 50 Jahre ‚per Du' mit meiner Migräne gelebt und sämtliche medizinischen Interventionen genossen hatte und nicht mehr darauf baute, dass aus den USA endlich DAS Heilmittel alles richten könnte, gab ich auf. Ich hatte genug gelitten. Das sah auch mein Verstand ein, so schwer es ihm noch fiel.

Bei aller Emsigkeit und geschäftlichen Erfolge hatte ich nie aufgehört, mich immer wieder neu aufzustellen und von Sport bis Hobbies, vom Musizieren bis zum Schreiben und Dichten, von Haiku und Senryu bis zur Fachliteratur, ja bis zum Bühnenstück alles unternommen, meiner Seele eine sanfte Walstatt oder Bühne zu bieten, damit sie auch zu ihrem Recht käme. Am besten gelang es mir noch mit der Fingermalerei. Da war ich glücklicher denn je und fand eine gewisse innere Ruhe, zumindest während des Malens. Doch die Migräne blieb mein treuer Schatten, an den ich nicht gelangte.

Alles konnte ich mir und anderen über Hinter- und Vordergründe von Schmerzen und Verhaltensstörungen erklären, von geistigen und seelischen Prozessen und Philosophien abendländischer und asiatischer Kulturen. Ich wusste auch, dass, wenn ich einen Menschen verliere und gerade nicht an ihn denke, es mir gut geht. Es passiert demnach alles nur im Kopf und zwar in der Ratio. Ich wusste auch, dass ich mir noch so große Sorgen und Ängste um andere machen konnte; diese lagen derweil in aller Ruhe in ihren Betten - und schliefen.

Auch kannte ich ein japanisches Sprichwort: *Viele Dinge kommen zu dem, der zu warten versteht.*

Kurzum: Ich war ein Turm an Wissen, was **andere** besser machen könnten; oder ich? Doch alles, was ich von Laotse, Krishnamurti, Prentice Mulford, Barry Long und noch vielen anderen gelernt hatte, konnte mich nicht davon abhalten, außerhalb von mir zu suchen; beteiligt war nur die linke Gehirnhälfte, mein Verstand. Ich vermutete richtig, dass da etwas falsch lief, doch die zu erwarteten **Wachstumsschmerzen**, wie ich heute weiß, hielten mich *verständ*-licherweise zurück. Noch konnte und wollte der Verstand seine Dominanz nicht aufgeben. Doch ich wollte seelisch-geistig wachsen, ahnte ich doch schon, dass die Seele in Liebe **lautlos, stetig und unbeirrbar** agiert.

Nun ist aber der Verstand nicht nur zu verurteilen. Zum Organisieren und Umsetzen taugt er trefflich; doch musste er letztlich begreifen, dass er bei mir, die Gesundheit betreffend, versagt hatte. Das brachte ihn zum Schweigen, notfalls durch ein **„Halt' die Klappe, Verstand!"** Dieses Mantra half immer.

Der Wille zur Wandlung ermöglichte die Erkenntnis, dass ich immer wieder auf die gleichen Frauen ‚hineinfiel' und dass es ursächlich nicht in erster Linie mit ihnen, sondern mit mir zu tun hatte. Mein Macho-freies Verhalten lockte sie an und sie taten mir letztlich nicht gut. Unsere gegenseitigen Abhängigkeiten führten uns in Resonanz und geradewegs zu einander. Diese **Beziehungssucht** war die Sucht, nicht alleine leben zu können und mich über die Frauen zu definieren. Keine schöne Erkenntnis, aber der Anfang der Veränderung in meinem Verhalten.

Schon immer gläubig unterwegs, musste ich mir eingestehen, dass ich da alleine nicht herauskäme, zumal ich schon zu oft gescheitert war. Bis dahin glaubte ich immer, ich sei ein aufgeweckter Mensch, der in diesem Körper ab und zu eine spirituelle Erfahrung mache: Ich dachte z. B. an meine Mutter, das Telefon klingelte und sie war in der Leitung. Aber weiter kam ich mit meiner Sucht nicht. **Ich musste mein Denkmuster (Paradigma) ändern.**

Wie jeder Süchtige musste auch ich mein Suchtmittel meiden: die Frauen. Das ging nur mit kräftiger Unterstützung und ich suchte mir sogleich die stärkste Kraft:

„Lieber Gott, ich kapituliere, gebe meine Wünsche in Deine Hände. Ich suche jetzt nicht mehr weiter nach der passenden Frau. Wenn Du und meine Seele wollen, dass ich eine ganz bestimmte Frau kennenlerne, werdet Ihr Mittel und Wege finden, das zu bewerkstelligen. Bitte mach' Du!" Ich ließ **unwiderruflich** los.

Es dauerte drei Jahre, aber dann standen wir vor einander. In der Zwischenzeit lernte ich Geduld und mied auch flüchtige Begegnungen. **Ich wollte nicht wieder in einer neuen Beziehung mit einer tollen Frau im Bett liegen, mir (und ihr?) etwas vormachen und draußen lief meine wahre Frau vorbei.**

Was war geschehen? Ich hatte unbewusst einen Paradigmenwechsel vollzogen und mich erstmals als ein primär geistiges Wesen gefühlt - **und auch so gehandelt.** Diese beglückende Erfahrung, Teil des großen Bewusstseins, der Göttlichkeit zu sein, weckte meinen alten Kinderglauben wieder.

Nach wie vor habe ich bei den großen Religionen meine Zweifel am männlichen Personal in den langen Frauenkleidern. Brauche ich überhaupt eine Religion, wenn ich an Gott glaube?

Diese Sicht verstärkte sich in einem Gespräch anlässlich einer Krankenhausveranstaltung, traumatisierte Kriegskinder betreffend, als ein, an Habitus unverkennbar pensionierter Pfarrer mit mir ins Gespräch kam. Ich fragte ihn, wohin er denn gehe, wenn er krank sei. Er antwortete: „Na, zum Arzt." Als ich ihm daraufhin erzählte, in England würde in der Spiritual Church direkt geheilt, meinte er lakonisch: „Ja, wenn der Glaube stark genug ist!" Ehrlich war er jedenfalls und dafür dankte ich ihm.

Zurück zur Religion im Tun. In diesem ganzen Prozess quer durch die eigenen Projekte verstärkte sich meine Anbindung an eine tiefe innere Religiosität. Jahrzehnte lang war sie nur oberflächlich zu spüren, doch mit den beginnenden Teilerfolgen schwand auch die Scham, jetzt, in meiner Ver-zwei-flung erst wieder zum Glauben gefunden zu haben.

Schon während meiner Heilerausbildung wurde ich mir sicher, dass die Geistige Welt weder Sympathie noch Antipathie kennt, sondern nur Ursache und Wirkung.

Einen strafenden Gott, Schuld und Sünde haben Menschen erfunden, um uns willfährig zu machen, abhängig, verfügbar und verführbar. Wir Menschen haben einen freien Willen mitbekommen und brauchen nur zu bitten, wie schon Jesus sagte.

Doch wir sollten unseren Bitten hinzufügen: „Dein Wille geschehe", und es auch wirklich meinen. So ersparen wir uns eine

Menge Ärger und Enttäuschung; denn auch eigensüchtige Bitten und Wünsche werden erledigt.

Die Geistige Welt, wie immer wir sie uns vorstellen, war immer da. Nur ich hatte mich entfernt.

Der Paradigmenwechsel und die Ahnen

Neben unserer Religiosität verschwand in unserer Kultur auch der Umgang mit den Ahnen. Das dürfen wir von Herzen bedauern, entgeht uns dabei doch eine Quelle an Inspiration, Kommunikation, Empathie und Hilfe. Nicht unerwähnt bleiben darf, dass aus dieser Quelle auch viel Negatives in unser Leben hereinstrahlen kann, wenn wir es nicht gelernt haben, uns davor zu schützen.

Da können auf den Ahnen noch eine Menge Gelübde, Absichtserklärungen, Schwüre, Flüche, Verwünschungen, Todeswünsche, Morddrohungen und Versprechen lasten, nach denen diese gelebt haben, die sie an uns weiter gaben und nach denen wir heute noch leben. Es kommt auch vor, dass wir in den Bannstrahl unserer eigenen Flüche geraten, wenn wir z. B. als Frau in einer früheren Inkarnation alle Männer verfluchten und heute als Mann unter unserem eigenen Fluch leben.

Nach einer generellen Auflösung kam es schon vor, dass eine sehr spirituelle Freundin der Klientin ihr sagte, die Ahnen (der Klientin) hätten sich bei ihr gemeldet und sich bedankt, dass sie diese Auflösungsarbeit für sie (ihre Ahnen) geleistet hätte. Das belegt wieder, dass die Seele einen Körper braucht, um etwas zu ändern, und das geht nur in der Polarität. Im Bardo, der Welt zwischen den Inkarnationen, kann die Seele keine Erfahrung machen.

Das ist das Drama der erdgebundenen Seelen, die keinen Körper haben: Sind ihre unangenehmen, schmerzvollen Erfahrungen noch nicht harmonisiert, geistern sie ruhelos umher und flüchten sich in die Aura geliebter Menschen, mit denen sie sich verbunden wussten, oder von denen sie sich (noch) nicht verabschieden konnten. Zwar gehen sie aus diesem Leben durch die eine Tür hinaus; da sie aber nicht wissen, wohin und überhaupt, kommen sie durch die Hintertür wieder herein und hängen sich an Lebende (Verwandte, Freunde und auch ehemalige Feinde) wie eine Last.

Hilfreich waren schon immer auch die Engelwesen der großen Religionen und andere Entitäten. Zu Helfern aus der Geistigen Welt können auch Verstorbene werden, aber wir verurteilten sie allesamt zum Nichtstun. Sehr oft kommt es vor, dass in einem angesagten Projekt der Klient oder die Klientin einfach nicht weiterkommt und wirklich auf Hilfe angewiesen ist, um Licht in das Dunkel zu bringen.

So mancher verstorbene Opa brachte beim *Seelenschreiben*® die Erkenntnis über die wahren Familienverhältnisse zu Tage. Diese Informationen wären auf dem Verstandeswege nicht zu erlangen gewesen. Bei allem familiären Unbehagen wäre doch niemand auf die Idee gekommen, dass der Vater ein ‚Kuckuckskind' gewesen ist und deshalb von der Familie überhaupt nicht akzeptiert wurde.

Übrigens tut man dem Kuckuck unrecht; denn es ist immer Frau Kuckuck, die ihre Eier in fremde Nester legt.

Nun, da es auf dem Papier geschrieben stand, waren alle Folgen, unter denen die Familie zu leiden hatte, offensichtlich, verständlich und klar.

Diese Erkenntnisquelle kann immer belebt werden und auf dieser Schiene lassen sich auch Inkarnationen übergreifende Traumata und Blockaden erkennen und auflösen.

Oft genug haben karmische Krankheiten in früheren Inkarnationen ihre ,stiftenden' Ursachen.

Was ändert sich mit dem Paradigmenwechsel?

So lang ich noch in meinen alten Strukturen verstrickt bin, ist es kaum vorstellbar, dieses Jammertal jemals verlassen zu können, fühle ich mich machtlos und ohne Vertrauen, dass sich das je ändern und ich die krankmachenden Ängste abschütteln könnte.

Die gute Botschaft ist: Durch einen Paradigmenwechsel kann ich jederzeit noch der mir in meiner Kindheit und Jugend vorenthaltenen Liebe teilhaftig werden, indem ich mich mit der Geistigen Welt verbinde, um Glauben bitte und erkenne, dass ich Teil von ihr bin und der göttliche Funke auch in mir wartet, sich ausbreiten zu können.

Er möge mich erhellen und mir die unbestreitbare Gewissheit verschaffen, dass ich mit meiner göttlichen Natur meine Angst loslassen kann, meine Angst vor der Zukunft und für immer.

Was passiert denn, wenn ich meine Angst vor Veränderung, die mich ein Leben lang nur hat über-leben lassen, loslasse?

Ich habe keine mehr. Ich kann endlich leben, weil die Angst vor dem Tod verschwindet, wenn ich erkenne, dass ich eine unsterbliche Seele bin, die diesen Körper jederzeit wieder verlassen kann, um sich in der nächsten Inkarnation in einem neuen Körper neuen Aufgaben zu stellen und neue Erfahrungen zu machen.

Der Weg führt über das Gebet und das Vertrauen in die Liebe und Harmonie der Schöpfung, von der ich ein Teil bin und die mich mit einem freien Willen ausgestattet hat. Dafür brauche ich nur zu bitten.

Barry Long sagt in seinem „Den Tod durchschauen:

Du bist ein Spieler im harten Spiel des Lebens. Du kannst nicht das Spiel verantwortlich machen, wenn du nicht an die Regeln glaubst oder dich nicht an sie erinnerst.

Die erste Regel des Spiels ist:

Jeder stirbt, keiner weiß wann.

Die Jüngsten und Besten gehen oft zuerst.

Jeder muss teilnehmen.

Das Spiel geht ewig weiter - oder bis Du gewonnen hast.

Du gewinnst, indem Du den Tod gefunden hast,

bevor er Dich findet.

Der Gewinn ist das Leben.”

Das Kreuz mit dem Kreuz –
die vergessene Be-Deutung

Losgelöst von allen Assoziationen in Verbindung mit dem Tod im christlichen Glaubensraum, vom Bild eines gekreuzigten Menschen, der als Sohn Gottes und als Erlöser Christen vor Augen steht, als Symbol für ‚die Sünden der Welt', die er auf sich genommen habe und auf seinem Leidensweg nach Golgatha und dann am Kreuz, mit dem er seit 2000 Jahren mahnend und abschreckend schmerzvoll dargestellt wird, lässt mich die übergroße Betonung des Leidens nicht los.

Könnte eine weitaus weniger symbolhafte, aber umso wesentlichere Be-Deutung ‚vergessen' worden sein? Lässt das Kreuz noch eine viel einfachere, elementare Deutung für jeden Menschen, gleich welchen Glauben er lebt oder nicht lebt, zu? Eine Deutung, die sich im **senkrechten Weltbild** geradezu schmerzfrei anbietet? Die mahnende Ergänzung?

Es wundert mich immer wieder, dass die darin verborgene Botschaft so total verkommen konnte, obgleich sie uns doch zeigt, wie Jesus vor der Niederschrift seines Lebens durch seine Jünger im Neuen Testament lebte: **Immer im Jetzt.**

Da war er machtvoll und konnte die Wunder vollbringen, für die er geliebt, angegriffen und letztlich ans Kreuz geschlagen wurde, und die er uns auch heute noch zugesteht, wenn er bei Johannes 14, 12 sagt:

„Wer an mich glaubt, der wird die Werke auch tun, die ich tue, und der wird größere als diese tun."

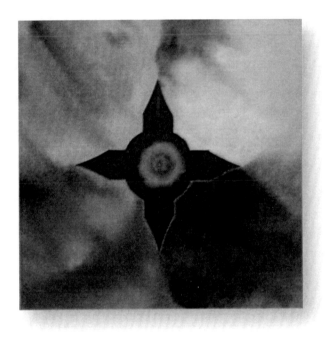

Die Zeit trifft den Raum

Das Kreuz stellt den Punkt dar, in dem sich Raum und Zeit treffen und zum JETZT werden. Mitten im Kreuz treffen wir nicht nur Jesus, sondern auch unsere Wirklichkeit, die wirkt.

Da spüren wir uns am machtvollsten, haben die meisten Informationen und können uns und andere lieben.

Leben ‚als ob' –
über Glaubenssätze und Prägungen

Einer der häufigsten Gründe, weshalb wir in unserem Wandlungsprozess nicht weiterkommen, liegt in unseren Prägungen, den Dogmen oder Glaubenssätzen, die wir in der Urfamilie gelernt und von ihr übernommen haben, und diese schon von den Großeltern und Ahnen, teilweise aus Tradition, Pflichtbewusstsein und falsch verstandener Leidensfähigkeit.

Diese Prägungen lösen sich nicht einfach so auf, auch wenn wir heute in einer anderen Welt, ja in anderem Zeitalter leben. Familiengebundene Strukturen können noch aus dem Widder-Zeitalter herüberragen. Inzwischen hatten wir das Fische-Zeitalter und leben schon unterm Wassermann.

Zur Zeit Moses bestimmte nur der Stamm, die Sippe, der Clan, die Großfamilie das Leben. Alles andere hatte sich dem unterzuordnen. Gefühle, gar Liebe spielten da eher eine störende Rolle (s. die großen Dramen in der Literatur), waren vielleicht eine erfreuliche Zugabe. Jene Forderungen an den Einzelnen wirken heute inhaltslos, herzlos, ja krank machend und wenn es uns nicht gelingt, sie abzuschütteln, tragen wir eine große Bürde durch unser Leben und ahnen nicht einmal, woher die Lösung kommen könnte. Dabei kann sie nur von innen kommen, sie schlummert in uns.

Was sind denn nun so typische unerlöste Glaubenssätze in unserer Zeit, die wir kaum einem Freund offenbaren würden?

Das schaffe ich nie.

Ich bin nicht wert geliebt zu werden.

Ich habe die falschen Eltern.

Andere haben es leichter.

Ich muss das alles verstehen.

Mir glaubt ja keiner.

Meiner Mutter ging es nur gut, wenn es mir schlecht ging.

Mir steht kein Glück zu.

Mit dieser Nase kriege ich nie einen Freund.

Ich bin zu fett.

Ich habe nie genug Geld.

Ich mache das nur für meine Kinder.

Erst kommt die Familie.

Ich weiß nicht (wie es in meinem Leben weitergehen soll).

Ich weiß nicht, wo ich anfangen soll.

Gott hat mich vergessen.

Ich gerate immer an die falschen Frauen/Männer.

Ich kann nicht allein leben.

Keiner liebt mich.

Der Alkohol ist mein Freund, mit ihm belohne ich mich.

Keiner sieht mich.

Da kann man nichts dran ändern.

Jeder denkt nur an sich.

Jetzt ist es eh zu spät.

Was ich anfange, führe ich nicht zu Ende.

Ich habe keine Geduld, bin zu schnell entmutigt.

Mir kann keiner helfen.

Wir sind allzumal Sünder.

Ein Patient brachte es einmal auf 46 solcher unerlöster Glaubenssätze. Ein Horrorszenarium. Wo, bitte, geht's zum Ausgang?

Am besten nehmen wir unseren Lebensrucksack, machen ihn auf, kippen alles raus und schauen, was wir vom Inhalt überhaupt noch brauchen können, was uns heute noch nützt.

Wenn Ihnen dann aber liebgewordene Kränkungen (Du Armer, Dir passiert dauernd so etwas Schreckliches) oder Ausreden (Das schaffe ich doch nicht) oder Lügen (die anderen sind immer schuld) die Sicht vor den guten und schönen Momenten des Lebens vernebeln, wird es Zeit, sich ein Schreibblock hinzulegen und aufzuschreiben, woher Sie diese Sätze, Kränkungen, Demütigungen, Unterdrückungen und Zumutungen in Ihrem Leben kennen. Wem ordnen Sie diese zu? In welcher Szene sagte wer was? Die Mutter/der Vater, wer hat das in Sie hineingetragen und verfestigt (Ein Junge weint nicht! Mädchen brauchen nicht zu studieren, sie heiraten doch? Lerne lieber etwas Gescheites oder Haushalt!)

Nach den beiden Weltkriegen sind alle diese ‚Grundsätze fürs Leben' Schall und Rauch gewesen, soweit sie die materielle Existenz betrafen. Die subtileren kamen sofort unter die Räder, wurden aber immer weiter als Affirmationen schicksalhaft und mit Betonung gelebt. Die 68er-Generation wollte sie abschaffen und hat doch nur ihre eigenen verdächtigen Glaubenssätze kreiert, mit denen wiederum deren Kinder Probleme bekamen. ‚Wer zweimal mit demselben pennt, gehört schon zum Establishment.'

Bleiben wir bei unseren individuellen Prägungen und schauen wir uns an, mit welchen ‚Programmen' wir durch unser Leben schlurfen, z. B. ‚Es gibt keine Gerechtigkeit.' So schaut die Klientin in der Erinnerung ihrer geliebten Tante hinterher, die die Liebe in Person und schon mit 52 Jahren qualvoll an Krebs gestorben war, während deren Schwester, ihre eigene Mutter, das genaue Gegenteil, missgünstig und neidisch die Familie terrorisierte, mit allen zerstritten war, Vater das Leben zur Hölle machte und sich mit 80 Jahren noch eines gesunden Lebens erfreut. Wo bleibt da Gott und die Gerechtigkeit? - denkt sie und verliert dabei fast den Verstand. Was läuft da falsch?

Vieles läuft da falsch: **Zum Ersten** spielen wir in solchen Fällen Staatsanwalt und klagen Gott, wie wir ihn uns vorstellen, an und wissen auch schon das Urteil. Wir maßen uns an, gerechter als Gott zu sein und vor allem spielen wir selbsternannter Richter, was uns nicht zusteht. **Zweitens** wissen wir nichts über die Hintergründe, die stiftende Ursache, warum die Mutter so wurde, wie sie noch ist. **Drittens** wissen wir nicht, wie sie enden wird. **Viertens** kennen wir nicht die Aufgabe der Tante hier auf Erden. **Fünftens** ist uns nicht bewusst, dass nur der Verstand der Mutter sich so auffällig verhält und ihre unsterbliche Seele an Harmonie interessiert ist und lieben kann, auch ihre Tochter, die an der Mutter verzwei-felt. **Vor allem** erkennen wir aber noch nicht, dass wir uns diese Eltern ausgesucht haben, als wir bei ihnen inkarnierten, somit die Verantwortung für all unser Tun und Lassen bei uns liegt und wir diese Aufgabe anzunehmen haben, wenn wir in Frieden - vor allem mit den Eltern - kommen wollen. **Erst danach** gelangen wir in unsere Eigenliebe.

Möglicherweise ist es unsere Aufgabe, die Mutter (die ganze Familie?) in Liebe zu transformieren. An der Mutter sollen wir lernen und wachsen, und die Schmerzen sind wieder einmal Wachstumsschmerzen. Das zu akzeptieren, brauchen wir ein anderes Bewusstsein, damit wir uns von unseren krankmachenden Programmen lösen können.

Möglicherweise hilft ein Heiler oder eine Hypnose oder einer legt die Hände auf; und selbst, wenn es damit getan ist und damit ein Programm gelöscht wurde, ist nicht auszuschließen, dass ein anderes an seine Stelle tritt, weil wir nicht eigenverantwortlich handelten, sondern uns auf Außenstehende verließen, von ihnen abhängig wurden. Dann müssen wir halt weiterhin alle 6 Monate zur Migränebehandlung gehen.

Eigenverantwortlich ist, wenn Sie sich z. B. beim *Seelenschreiben*® die Mutter - ob lebend oder schon verstorben - auf das Papier holen, ihr im Dialog in Liebe begegnen und möglicherweise mit Hilfe der Geistigen Welt erklären, wie wichtig es für Ihr Leben ist, die Spannungen zwischen Ihnen beiden zu löschen und auch im Nachhinein ein liebevolles Verhältnis aufzubauen. Das kann die schwerste Aufgabe Ihres Lebens werden, aber Sie dürfen der Mutter ohne Scham und Hemmungen **auf dem Papier** alles sagen, was sie Schreckliches durch sie erlebt haben und was sie krank gemacht hat. Nichts sollte Sie davon abhalten, alles auszusprechen - auch in Wut. **Wut braucht Mut und tut gut.** Ziel ist es, ihre Reue herauszufordern und ihr zu glauben, wenn sie wirklich bereut. Dienliche Umwege in diesem Schmerzprozess sind immer möglich und wenn es Sie in eine frühere Inkarnation mit der Mutter führt, wird dort alles aufgelöst, was ihrer geistig-seelischen Gesundheit in dieser Inkarnation dient. Im Kapitel *Seelenschreiben*® finden Sie weitergehende Erläuterungen. Nun zu ‚Leben als ob‘.

In den krankmachenden Programmen, die wir auch **unerlöste Glaubenssätze** nennen können, weil Sie diese auflösen, sich davon lösen sollten, leben Sie,

a)   als ob Ihnen keiner helfen könne,

b)   als ob Sie ein Sünder seien,

c)   als ob Ihnen keiner glaubt,

d)   als ob Gott Sie vergessen habe,

e)   als ob Ihre Eltern Sie nie sahen, als ob, als ob, als ob.

Ich meinerseits lebte immer, ‚als ob‘ Vater oder Mutter jeden Moment um die Ecke kämen, mir über das Haar streicheln würden und sagten: „Was haben wir doch für einen lieben Sohn.“ Das ist nie geschehen. **Eine Illusion.** Leben im süchtigen Konjunktiv kann nicht glücken.

Von der Neurobiologie wissen wir, dass in jeder Sekunde 10 Millionen unserer Zellen absterben, ausgeschieden und erneuert werden.

Bislang wurden sie sämtlich mit krankmachenden Informationen gefüttert. Ab sofort werden die neuen Zellen bewusst mit gesundmachenden Informationen genährt. Das ist wie eine Blutwäsche, ganz ohne Medikamente; nur auf geistigem Wege breiten sich diese Infos aus. Sie selbst ändern Ihr Bewusstsein, die positiven Glaubenssätze transportieren die Inhalte, die Zellen reagieren auf die neuen Inhalte.

Wenn wir von der Hirnforschung wissen, dass unser Gehirn nicht in der Lage ist, zwischen Wahrheit und Lüge/Fake zu unterscheiden und wir lebenslang diesem unerlösten ‚als ob' aufgesessen sind, so können wir diesen Umstand auch zu unserem Heil nutzen und so leben, als ob das Erwünschte schon eingetreten sei. Und es wirkt, wenn wir es lang genug achtsam und aufmerksam **wiederholen**.

Dieses ‚als ob' lässt sich in positive Glaubenssätze wandeln, im Gehirn bilden sich neue Synapsen und der Körper wird von den neuen Botenstoffen durchdrungen. Sie können es auch anders ausdrücken: **Die Seele spricht und die Zellen antworten.**

Hier Ihre neuen Glaubenssätze:

a) wenn ich Hilfe benötige, brauche ich nur zu bitten.

b) Ich bin gut so, wie ich bin und liebe mich - trotz allem.

c) Ich lebe eigenverantwortlich, bleibe offen und verhalte mich eindeutig positiv.

d) Gott ist allgegenwärtige Liebe. Dafür bin ich dankbar.

e) Ich habe immer noch mich und bin frei von Urteilen.

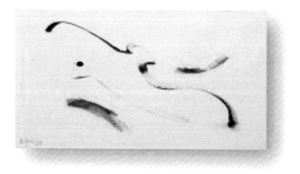

Die 12 Urprinzipien oder Archetypen – unsere selbstgewählten Aufgaben

Wie schön wäre es, wenn jeder von uns wüsste, weshalb er auf der Welt weilt, was seine Aufgabe ist. Dabei stellen die 12 Archetypen die Basis eines jeden spirituellen Weltverständnisses dar:

+ das **Mars-/Widder-Prinzip** von Aggression (*lat. von aggregare = beigesellen, herangehen, zuwenden, anschließen*) und Aufbruch;

+ das **Venus-/Stier-Prinzip** von Selbstwert, Verwurzelung und Sinnenfreude (21.04.-20.05.);   < Mars/Widder 21.03.-20.04.

+ das **Merkur-/Zwillinge-Prinzip** von Kommunikation und Austausch (21.05.-21.06.);

+ das **Mond-/Krebs-Prinzip** von Empfindung, Gefühl, Geborgenheit und Lebensrhythmus (22.06.-22.07.);

+ das **Sonne-/Löwe-Prinzip** von Kreativität, Ausstrahlung und Mitte (23.07.-23.08.);

+ das **Merkur-/Jungfrau-Prinzip** von Ordnung u. Vernunft (24.8-23.9.);

+ das **Venus-/Waage-Prinzip** von Harmonie, Partnerschaft und Ästhetik ; (24.09.-23.10.)   (Pluto/Skorpion 24.10.-22.11.) >

+ das **Pluto-/Skorpion-Prinzip** von radikaler Wandlungsfähigkeit;

+ das **Jupiter-/Schütze-Prinzip** von Wachstum und Sinnfindung;

+ das **Saturn-/Steinbock-Prinzip** von Struktur und Konzentration auf das Wesentliche (22.12.-20-01.);   < Schütze/Jupiter 23.11.-21.12.

+ das **Uranus-/Wassermann-Prinzip** von Freiheit, Unabhängigkeit und Originalität (21.01.-19.02.);

+ das **Neptun-/Fische-Prinzip** von Grenzüberschreitung und Auflösung des vordergründig Sichtbaren (20.02.-20.03.).

(Auszüge aus dem Seminar mit Rüdiger & Margrit Dahlke: Archetypische Medizin II, s. auch ,Die Lebensprinzipien' bei Arkana)

„Alle wesentlichen Themen unserer Existenz, die auch schon mit den Götternamen der Antike verbunden wurden, finden sich in diesen Archetypen wieder. Sie sind die Grundlage der spirituellen Disziplinen von der Astrologie bis zum Tarot und natürlich auch der Krankheitsbilder-Deutung.

Diese wenigen Archetypen bilden ein umfassendes Urprinzipiensystem ähnlich dem Periodensystem der Elemente für die materielle Welt. Die Urprinzipien bilden dagegen die archetypische Grundstruktur aller und so auch der seelischen Muster." Ende Zitat Dahlke.

Der Umgang mit diesen Urbausteinen der Schöpfung lässt sich auch auf persönliche Aufgaben und Entwicklungsprojekte anwenden. Stets geht es um die Entwicklung vom unerlösten zum erlösten Menschen.

Wie an anderer Stelle schon angemerkt, sind wir für alles verantwortlich, was mit unserem Leben zu tun hat, was wir tun, lassen, was wir aussenden, was auf uns zukommt; denn wir haben uns Zeitpunkt, Ort, Eltern, Umstände unserer Inkarnation ausgesucht, um mit dem zu Grunde liegenden Archetyp zu lernen und uns dann in unserem archetypischen Milieu zu bewegen.

Manchmal kennen wir Eltern oder Verwandte schon aus früheren Leben und wollen zu ihnen (s. ich zu meinem Vater), ein anderes Mal wollen wir etwas ganz Neues lernen. Wir haben wie immer die Wahl und brauchen einen Körper dazu.

Wie sieht das z.B. in der Praxis aus, was ja vordergründig interessiert, wenn wir an unsere Aufgaben denken, die wir uns ausgesucht haben?

Da kommt die Patientin mit Verlust- und Existenzängsten, schwachem Selbstbewusstsein, Helfersyndrom, Hass auf die Familie, Wut auf die Eltern und alles deutet darauf hin, dass sie nicht zur Ruhe findet, an nichts sich erfreuen kann.

Nun hat jeder Mensch mit allen 12 Urprinzipien zu tun, doch wenn sich dann herausstellt, dass die Patientin am 30.4. geboren ist, hat sie sich für das **Venus-Stier-Prinzip** entschieden, und *Selbstwert, Verwurzelung und Sinnenfreude* sind die Vorzeichen, unter denen sie ihre Aufgabe verrichten soll, weil sie sich da auch am wohlsten fühlt.

Festhalten können wir aber: Sie ist nicht verwurzelt, ist von Ängsten geplagt, definiert sich über andere, kennt nicht ihren Wert, lebt das Gegenteil von Sinnenfreude, und wir sehen deutlich, wie sie aus Unkenntnis in ihrem Alltag gebeutelt ist. Erst wenn sie diese drei Prinzipien leben kann, und das setzt eine große Bewusstseinsänderung voraus, kann sie gesund werden und richtig glücklich. Dann ist sie in ihrer Kraft und Stärke.

Nehmen wir das **Sonne-Löwe-Prinzip** 23.7.-23.8. und ein Patient kommt ausgebrannt, mit Atembeschwerden, Unruhe und

Schlafstörungen und beklagt sein Ausgebeutet-werden, dann finden wir unter seinem Geburtsdatum 6.8. die Lebensprinzipien *Kreativität, Ausstrahlung und Mitte.*

Diese Menschen kommen in einen Raum hinein und ‚die Sonne geht auf'. Sie müssen überhaupt nichts Besonderes tun, sie sind. Sie sind meist sehr stark, unabhängig und überzeugend. Und das kann zur Schwäche werden, wenn sie sich ihrer Aufgabe nicht bewusst sind und sich ausnutzen lassen.

Dann werden sie mit Aufgaben zugeschüttet, leisten mehr als von ihnen verlangt wird. Dabei brauchten sie eigentlich nur ‚sein'. Sie müssen lernen, im Rahmen ihrer Lebensprinzipien zu agieren, nein zu sagen; dann werden sie auch gesund und glücklich. Meist müssen sie lernen, weniger zu tun, alte Zöpfe/Muster abzuschneiden und in sich zu ruhen. Im Grunde sind sie schon, sie müssen es nur wieder erkennen und danach handeln.

Das 3. Beispiel s. Kapitel *Kommunikation und Austausch.*

Diese beispielhaften Prinzipien bedürfen, wie alle anderen auch, einer langen Beschäftigung mit ihnen, damit auch in die Tiefe gehende Deutungen möglich sind, wie ich nachfolgend belege.

Mir passierte es, dass ein heilsuchender Kurde, seines Glaubens ein Alevit, von seinem Leben in einer Gebirgsregion im Osten der Türkei erzählte und den Geburtstag mit 1.7. angab, was als Archetyp **Mond : Krebs** und als Lebensprinzip *Empfindung, Gefühl, Geborgenheit und Lebensrhythmus* bedeutet. Irgendetwas stimmte aber nicht, sagte mir meine Intuition und der musste ich folgen. Und tatsächlich stellte sich heraus, dass diese Gebirgsdörfer im

Winter von der Außenwelt abgeschnitten waren und erst zur Mitte des Jahres ein Standesbeamter sich bis zu ihnen hinaufgearbeitet hatte und alle Kinder, die im Winterhalbjahr geboren waren, auf einen Schlag registrierte. Alle Neugeborenen waren danach amtlich am 1.7. geboren, und so stehen sie im Geburtsregister.

Glücklicherweise erinnerte er sich, dass er in den ersten Tagen des Januars das Licht der Welt erblickt haben soll, so dass mit **Saturn : Steinbock** und dem Lebensprinzip *Struktur und Konzentration auf das Wesentliche* eine ganz andere Aufgabe von ihm gewählt war. Dazu passte dann auch wieder der ‚Leistenbruch' = ‚Loslösung von alten Gewohnheiten bzw. Traditionen und Grenzen überschreiten'. Ein eindringliches Zeugnis für die not-wendige Aufmerksamkeit im Tun des Begleiters.

Die Ohren der Frau und
die Augen des Mannes werden nie satt.

Ist das nun eine neue Erkenntnis, gar Offenbarung? Keinesfalls! Die Medien- und Marketingstrategen wissen das schon lang und steuern unser Verhalten nach Ihren Wünschen und Konzepten, wenn wir uns nicht wehren. Hier interessiert uns allerdings, ob wir verhaltensrelevante Muster erkennen.

Bleiben wir bei der Frau: Wundern wir uns nicht manchmal, von welch' miesen Typen von Heiratsschwindlern sich Frauen materiell entblößen lassen? Was haben diese Kerle Besonderes an sich, dass Frauen so beeindruckt sind und allen Warnungen und mulmigem Bauchgefühl zum Trotz ihre Schatullen und Tresore öffnen? Was steckt dahinter?

Heiratsschwindler suchen sich Opfer und die ihnen entsprechenden Opfer fühlen sich auch so: Im Leben zu kurz gekommen, ungeliebt, unbeantwortet und von Männern enttäuscht. Die materiellen Hintergründe dieser Frauen können von Angestelltengehalt bis zur Chefin eines Konzerns reichen.

Diese Gaukler wissen eines ganz sicher: **Die Ohren der Frau werden nicht satt!** Die Schurken beherrschen nicht nur das Flirten, sondern wissen ganz genau, was Frauen hören wollen, wie sie ticken, und geben Ihnen für eine bestimmte Zeit unermüdlich das, was diese vermissen: Aufmerksamkeit und Sex, den beide mit Liebe verwechseln. Einmalig fühlen sich diese Frauen dann und erleben erstmals, was sie vom ersten Mann in ihrem Leben, ihrem

Vater, nie bekommen haben: Bedeutung und Anerkennung, so scheint es ihnen. Sie genießen beides, auch wenn der Kerl zwar genial, aber wie gedruckt lügt.

Wenn Frauen lieben, können sie jahrzehntelang die gleichen Beteuerungen akzeptieren und erwidern. Das ist schön für einen ehrlichen, wirklich liebenden Mann und erspart auch außerplanmäßige, aufwändige Geschenke.

Daher gilt die Empfehlung: Mütter! Wenn Ihr eure Töchter liebt, vermittelt Ihnen diese Erkenntnis und sagt ihnen, was ich in meinem Senryu in 17 Silben so ausdrücke:

„Wohl klingen Worte den Ohren - oft suchen die Augen vergebens.“

Aufschluss gibt nicht, was der neue Freund der Tochter sagt, sondern was er tut. *„Worte sind nicht die Wahrheit“*, sagt Barry Long.

Hierher gehört auch dieser Hinweis: Trickbetrüger, die mit dem ‚Enkeltrick‘ unterwegs sind, erleichtern überwiegend ältere Frauen um ihre Ersparnisse. Und ist die Bedürftigkeit groß genug, schaffen es auch schon einmal kriminelle ‚Hellseherinnen‘.

Wer es aufs Geld oder Vermögen anderer abgesehen hat, ist schnell und leichtfüßig unterwegs und hinterlässt den Frauen nichts Sichtbares, nur etwas für die Ohren: Beteuerungen und Schwüre.

Und wie tickt nun der Mann, wenn seine Augen nie satt werden? Wer auf Beutejagd ist, muss die Augen offen halten aus mannigfaltigen Gründen. Wie auch immer seine Präferenzen sein mögen, ob Bauch-Beine-Po oder die sekundären Geschlechtsmerkmale, gar die Augen und Haare ihn anziehen; immer spielt die optische Attraktivität die große Rolle. In der Paarbeziehung ist und bleibt das nicht anders, will die Frau den Mann bannen. Heutzutage werden diese Äußerlichkeiten zwar über die Maßen betont und hoch geschätzt, das ändert aber nichts daran, dass jeder Mann, über die inneren Harmonien und Verbindlichkeiten hinaus, eine attraktive Frau an seiner Seite haben möchte.

Da anderseits heute auch Frauen auf Beutejagd gehen und sich entsprechend ausstaffieren, von Maxi-mal bis Mini-mal, tut jede liebende Frau gut daran, die Augen des geliebten Mannes immer wieder von sich zu überzeugen; sonst tut es eine andere. Den Männern wird es da leichter gemacht als den Frauen.

Trotzdem kann ein Mann nicht dümmer sein, als wenn er sich auf seine äußere Attraktivität allein verlässt und sich wie ein Pfau herausputzt. Spätestens mit den ersten grauen Haaren muss er ständig ‚nachbessern' und wirkt zuletzt unattraktiv, wenn hinter seiner Fassade kein liebevolles Annehmen der Frau, Substanz und eigene Standpunkte sichtbar werden.

Doch noch eine andere schwerwiegende Tatsache muss in diesem Kapitel betrachtet werden:

Jahrelange sexuelle Übergriffe, gar Vergewaltigungen in der Familie stehen unbewusst mit diesen Erkenntnissen in Verbindung. Den von ihren lieblosen Vätern attackierten Mädchen säuselt der tabulose Vater oft jahrelang die Ohren voll, wie wichtig die

Tochter für seine Liebe ist und dass sie beide in einer unvergleichbaren Beziehung mit ihrem Geheimnis leben. Das gibt dem Kind falsche Wichtigkeit und scheinbare Anerkennung, oft genug auch Erpressungspotenzial in die Hand. Täter kann auch der Bruder oder ein Verwandter sein.

Das Mädchen wird plattgeredet und anfangs meint es noch, es diene der Familie und denkt, so sei es im Leben und sie habe ihren Beitrag zu leisten. Dieses abstoßende Treiben der verantwortungslosen Männer wurde oft genug von den Ehefrauen gebilligt, geduldet, ja zu ihrer ‚Entlastung' angeregt. Ein Drama für die gedemütigten Mädchen und die Gesellschaft insgesamt. Die Opfer sind hochtraumatisiert.

Den sexuell misshandelten Jungen werden von ihren Peinigern nicht die Ohren vollgesäuselt. Denen bietet der Pädophile, will er die kindliche Ablehnung überwinden, Attraktionen an: das geht von Geld über schulische Vorteile bis zu gemeinsamen Aktivitäten in Kultur und Sport. Oft genug kümmern sie sich auch als Paten/Onkel um deren Freizeit. Der Junge soll staunen, den ‚Onkel' bewundern, in jedem Fall die Augen aufreißen und sehen, was durch die Duldung des Peinigers alles möglich ist. Unabhängig davon, dass die künftigen sexuellen Präferenzen der Jungen erheblich verfrüht und in verquere Bahnen gelenkt werden, in denen sich die Heranwachsenden oft ein Leben lang nicht wohl fühlen, wird auch eine unangemessene Geilheit sie ein Leben lang begleiten und selbst wohlwollende Partnerinnen oder Partner verschrecken. Unerfüllte Partnerschaften sind die Folge. Ein schwaches Selbstbewusstsein und eine gewisse Orientierungslosigkeit wird, je nach Archetyp, mit übertriebener Forschheit und Anbiederung, ja sogar Übereifrigkeit kompensiert.

Auch hier gilt: Allzu viel kommt von allzu wenig.

Vergessen dürfen wir nicht, dass rund ein Viertel der sexuellen Übergriffe in der Familie von Frauen als Täterinnen - meist gegenüber den Jungen - begangen werden.

Kaum ein anderes Delikt muss höher geächtet werden als kindliche Traumatisierung in der Familie, mit oder ohne körperliche Gewalt, weil zusätzlich zu dem mangelnden Selbstbewusstsein in den Kindern und Jugendlichen sich eine eigene ‚Schuld' und gleichzeitig ein unangemessenes Verständnis für die egoistischen Täter im Leben der Heranwachsenden ausbreitet und zwiespältige Gefühle hinterlässt. Die unverzichtbare Wut der Opfer wird unterdrückt und führt oft genug zu Krankheitssymptomen. Sie fühlen sich beschmutzt und ausgenutzt. Unaufgelöst tragen die meisten von ihnen das vermeintliche Stigma ein Leben lang mit sich herum, oft genug haben sie diese Übergriffe gut verdrängt, da *das Verletze Innere Kind* abgespalten wurde und erst wieder geduldig integriert werden muss. An diesen Heilkosten sollten die Täter ohne Limit beteiligt werden.

In dieses Kapitel gehört auch dieser Hinweis: Verlässt ein Mann die Familie und beendet die Beziehung zur Mutter, leiden nach meiner Erfahrung die Mädchen stärker darunter. Für die Tochter stellt es sich gefühlsmäßig so dar, als habe der Vater sich auch von ihr getrennt. Sie fühlt sich verlassen. Ihr fehlt u. a. die väterliche Stimme (Ein-stimmung aufs Leben) auf einer elementaren Weise.

Haben Frau und Mann partnerspezifische Aufgaben - zum Wohle der Welt?

Beispiel 1

An den drei holländischen Tagen 1992 mit Barry Long geschah noch etwas sehr Beeindruckendes, als eine neben mir sitzende Mittdreißigerin in einer aufwühlenden Rhetorik von Barry, in der es um Partnerschaften ging, aufstand und ihm vor 450 Menschen unüberhörbar zurief:

„Ich will Liebe" - lange Pause - „aber ich will keinen Sex!" Sie schrie es heraus, wurde dabei wütend und weinte bitterlich. Barry sah sie mit sehr viel Empathie an und sagte ungefähr:

„Liebe junge Lady, wenn Sie das wirklich wollen (Sie nickte heftig), dann gehen Sie am Sonnabend um die Mittagszeit auf den Markt, mitten zwischen die Marktstände, bauen sich unübersehbar auf und rufen ganz laut: „Ich will Liebe!", und wenn Sie in dem Getümmel, das folgt, nicht umkommen, haben Sie vielleicht noch die Chance zu rufen: „Aber keinen Sex!"

Wenn Sie danach wieder die Augen öffnen und sich umschauen, ist vielleicht noch ein einziger Mann da und der fragt Sie: „Frau, was meinst Du?" Dann haben Sie noch die Gelegenheit, ihm zu antworten:

„Wenn Du mit mir Freundschaft in Harmonie suchst und Dich auf mich einlassen willst, dann will ich es mit Dir wagen und mich auf Dich einlassen. Wenn Du Dich aber über mich stülpst, mich mit Deiner Männlichkeit bedrängst und nur mit mir ins Bett willst;

wenn Du mich männlich und als Frau unkeusch machen willst, wenn Du beabsichtigst, mich von Dir abhängig zu machen, mich gefühlsbesoffen machen willst, meine Liebe nicht würdigst und mich an mir selbst zwei-feln lässt, dann drehe ich Dich um, trete Dir in den Hintern und jage Dich aus meinem Haus. Hast Du mich verstanden?"

Ist er jetzt immer noch da und hört Ihnen zu, sagt jetzt: „Ja", dann können Sie ihm sagen.

„Akzeptierst Du meine Worte und wirst Du es immer gut mit mir meinen, biete ich Dir mein Vertrauen und meine Freundschaft an. Wir können jetzt sofort einen gemeinsamen Weg gehen und sehen dann weiter." Soweit Barry Long.

Wenn Sie sagen können: **„Ich bin aus einem einzigen Grund mit Dir zusammen: Weil ich es will, freiwillig und bis der Tod der Liebe uns scheidet"**, haben Sie sich klar genug ausgedrückt. Jetzt ist er dran.

Beispiel 2

Eine junge Frau fragt in einem Ausbildungsseminar, wie es denn möglich sei, dass ein Mann innerhalb von zehn Tagen vom liebenswertesten Menschen zum Lügner werden könne. Das sei ihr in Variationen schon wiederholt passiert. Auf meine Frage, ob ich sie unter Kollegen etwas Persönliches fragen dürfe, bejahte sie.

Also fragte ich: „Und? Warst Du mit ihm schon in der Kiste?" Betretenes Schweigen. Nach einer kurzen Überlegung verneinte sie mit rotem Kopf.

Ich: „Und warum errötest Du? Warst Du doch?"

Sie jetzt, mit Röte bis über die Ohren und einem Übersprungs-lachen:

„Ja, schon am ersten Abend!"

Hier schießt die Assoziation hoch, in welchen Situationen sie selbst wohl unehrlich war, gar gelogen hatte, so dass beide in Resonanz aufeinander treffen mussten.

Noch viele weitere Beispiele könnten angeführt werden, die nur eines bezeugen: Frauen unterschätzen, wie Männer ihrerseits, ihr geschlechts-spezifisches Auftreten in Partnerschaftsbelangen und speziell beim Start einer neuen Beziehung.

Das kompliziert sie und lässt zuerst die Frauen frustriert an sich zwei-feln.

Wenn sie bewusst flüchtige Partnerschaften wollen, ist das in Ordnung; dann sollen sie sich aber auch nicht beschweren. Hier soll der Leserschaft auch nicht ein sexualwissenschaftliches oder sozialpädagogisches Kolloquium angeboten werden. Hier geht es um die Praxis; und speziell in der Liebe zwischen zwei Menschen geht nichts über die Praxis und erst recht am Start.

Warum sollte ein Mann, nachdem er schon in der ersten Nacht das Intimste und Schönste von und mit der Neuen erlebt hat, sich anstrengen und sich ihrer würdig erweisen? Er hat es ja gar nicht gelernt.

Warum sollte er lernen, sie zu respektieren?

Warum, wenn sie sich selbst nicht respektiert und sich gefühls-besoffen voreilig ‚verschenkt', noch bevor er seinen absoluten

Willen bezeugt hat, sie anzunehmen, so wie sie ist? Vielleicht war Alkohol im Spiel.

Warum sollte er ihr von seiner Frau und den Kindern erzählen, wenn dadurch alles nur kompliziert wird? Das Beste, der Zauber des Anfangs, war ja schon. Jetzt geht es um die ‚bequemen‘, zudem kostengünstigsten Wiederholungen, um die Aufregungen, die Wollust, um das Festhalten dessen, was sich nicht halten lässt, um die ersehnte Liebe, die nur zu oft als Sex daherkommt; und um die Abhängigkeiten davon.

Warum sollte er ehrlich sein?

Warum sollte er erst sein Leben in Ordnung bringen, bevor er eine neue Beziehung eingeht, wenn es auch ‚unordentlich‘ geht? Das trifft allerdings auch oft genug auf Frauen zu; doch da sind es eher die wirtschaftlichen Abhängigkeiten, die scheinbar einer Ordnung entgegen wirken. Diese ‚Hässlichkeiten‘ werden zeitweise ausgeblendet, holen beide aber wieder ein.

Eine Frau ist nie kraftvoller und strahlender, als wenn sie sich geliebt fühlt und lieben kann, wenn sie ihre schöpferische Göttlichkeit spürt und sich angenommen weiß. Und sie leidet, wenn ihre Liebe, die sie im Innersten ist, nicht erwidert wird; wenn Ausflüchte, Ausreden, Projektionen, Anschuldigungen, Pingpong, Demütigungen und gar Lügen in den Alltag einsickern. Wenn durch ihn Lieblosigkeit, Flüche, Nörgeleien, Engstirnigkeit, üble Laune, versteckte Drohungen, Wutausbrüche, Eifersucht und dgl. mehr die Familie verraten und die Kinder ebenso vergiften, wie er schon verseucht ist; wenn er sein eigenes Unglück über seiner Familie ausschüttet.

Brechen erst Handgreiflichkeiten oder sexuelle Gewalt über sie herein, erlebt die Frau oft genau das, was sie schon seit langem kennt und nie mehr haben wollte. So oder so kommt dieser Groll, diese Wut, diese Hörigkeit in ihr vom Mann. Bei welchem Mann erlebte sie das zuerst in ihrem Leben? Beim ersten Mann im Leben: dem Vater?

Barry Long sagt es 1992 so zu uns Zuhörern:

,Sex wurde eine Droge, ein Opiat von Selbst-Vergessenheit für eure lieblosen Zeiten - ein Zustand des Träumens. Konsequenterweise sind wie in Träumen eure sexuellen Vereinigungen nicht länger dauerhaft in Ordnung und werden nur zusammengehalten durch Furcht, Gewohnheit und einen verkehrten Sinn für Pflicht.'

Beobachtungen im Alltag:

Warum duldet eine Frau,

dass er sie mit Händen in den Hosentaschen begrüßt und küsst?
dass, wenn ihr im Lokal der Schirm runterfällt, er zwar noch einen Aufhebereflex in Form eines Zuckens erkennen lässt, sie sich aber doch selbst bücken muss?
dass er sitzen bleibt, wenn sie ihn begrüßt?
dass er im Auto bei geschlossenen Scheiben raucht, während hinten die Kinder sitzen? Oder raucht sie noch mit?
dass der Partner immer so glimpflich und mit Selbstverständlich-

keit davonkommt, ‚weil er ja die Familie ernährt'?
dass er sich nicht um die Kinder kümmern muss?
dass er wegen seiner Arbeit den Wohnort bestimmt?
dass er sich nicht ändern, umgewöhnen muss?
dass ‚der Papa' sich aus allem raus hält?
dass er bestimmt, ob oder wann endlich ein klärendes Gespräch stattfindet?
dass er mit seinen Hobbies Unordnung und Not, oft finanziell, in die Familie bringt?
dass ein 2. Auto oder ein 3. Urlaub im Jahr wegen ihres Mitarbeiten-müssens den Kindern die Mutter entzieht?
dass Gleiches auch bei der Idee einer Selbständigkeit auf Kosten des Kindes zutrifft?
dass meist er geht und den Kindern die Trennung zumutet?

Was brauchte es in der Familie, damit sich das Männerbild nicht wiederholt?

Da ist niemand ‚schuld'. Da ist lediglich große Verwirrung, weil die Erziehung fast ausschließlich von der Mutter gemanagt wird und sie die Jungs nicht fordern gelernt hat. Das hat sie von ihrer Mutter und die von ihrer: Ein total überholtes Familienmodell, dass Männer Jahrtausende praktizierten und bevorzugte.

In ihrer missverstandenen Liebe haben die Mütter eine männliche Brut herangezogen, die ihre Väter zwar ob ihres martialischen Getues in zwei Weltkriegen verachten, zumindest nicht verstehen, aber trotzdem nur zu gern den von den leichter zu handhabenden Müttern vorgegebenen Weg gehen, und der schont sie auf eine nicht mehr hinzunehmende Weise.

Nur die Frau, die Mutter, die Freundin, die Schwester kann den Mann ehrlich machen, zuerst zu sich und dann gegenüber dem weiblichen Element. Sie muss ihn würdig machen.

Wann, liebe Schwestern, werdet Ihr das erkennen und ändern? Nicht draußen, politisch; da ist schon so viel geredet und verordnet worden; nein, in Eurer eigenen Beziehung, jede für sich, beim Partner, Vater oder Bruder? Wenn Ihr ihm jetzt nicht die Fragen stellt, werdet Ihr es in 10 oder 15 Jahren tun, dann aber mürbe oder zermürbt.

Wann endlich werdet Ihr darauf bestehen,

dass Ihr und die Kinder respektvoll behandelt werdet?

dass Ihr nicht Gedanken lesen könnt?

dass Liebe keine Einbahnstraße ist?

dass Eure Augen auch sehen, was Eure Ohren wiederholt hörten?

Und Ihr, meine Brüder,

wann werdet Ihr aus innerer Einsicht heraus Eure Komfortzone freiwillig verlassen und Euch der Liebe öffnen, Euch als Partner und Väter dem Leben gegenüber würdig erweisen, aufhören zu schimpfen und zu beschuldigen und Eure Kinder die Liebe lehren, die Frauen und Mütter in tiefster Seele schon immer sein wollten?

Ihr seid für Euer Glück und Unglück selbst verantwortlich. Doch Mann und Frau sind auch Spiegel für einander.

Männer! Liebe ist JETZT und nicht erst, wenn sich die Familie nach Euren Wünschen geändert hat. Oder ‚bis der Tod‘ Euch scheidet.

Wann werdet Ihr endlich ehrlich zu Euch selbst sein?

Wann werdet Ihr aufhören, Euch aufzuplustern und Euren Kindern das vermitteln, was Ihr schon bei Euren Eltern verabscheut habt:

Demütigende Lieblosigkeit und Gefühle-nur-an-Weihnachten-zeigen?

Wann werdet Ihr anfangen, Eurer gemeinsamen Liebe täglich eine neue Chance zu geben?

Wenn Ihr diesen Wandel hinter Euch habt, werden Euch Eure Frauen und Kinder umso mehr lieben.

Und mehr lieben geht immer.

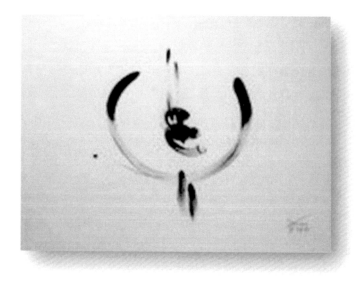

Über Gefühlsbesoffenheit und vom Wert der Freundschaft

Selbst auf die Gefahr hin, dass Menschen vom Gegenstand dieses Kapitels unangenehm berührt werden oder mir böse sind: Das ist ein häufiger Umstand, in dem zwei Menschen stecken und sich noch gegenseitig versichern, dass sie eine solche Liebe mit einem anderen Partner noch nie erlebt haben. Oftmals werden Hals-über-Kopf Ehen geschlossen oder Partnerschaften aufgekündigt, die bisherige Familie ins Unglück gestürzt und etwas Neues begonnen, meist ohne das Alte in Würde zu beenden oder den bisherigen Partnern die Möglichkeit zu geben, sich für die gemeinsamen Kinder und die Zukunft der Elternschaft, um ein gemeinsames Konzept zu bemühen und zu verständigen.

Die Kinder lernen - manchmal zum zweiten, gar dritten Mal: **Wenn es schwierig wird, geht man auseinander.** Es gibt somit nur Verlierer, zumal alle Beteiligten der Alltag in Form der Gerichte und Jugendfürsorge wieder einholt und die neue Beziehung auch belastet. Da ist dann der Weg zur Freundschaft und zu gegenseitigem Respekt für immer verbaut.

Es kam sogar vor, dass ein Paar, beide geschieden, ausgetrocknet vor Lieblosigkeit und höchst bedürftig, *wie vom Blitz aus heiterem Himmel* getroffen wurden, gemeinsame Pläne schmiedeten, *auf Wolke Sieben* dahin segelten, die Kinder ungeschützt einbezogen und nachdem ‚der Kerl' schließlich merkte, was er da in der

Frau angerichtet hatte, sich nach 4 Wochen kurzerhand umbrachte und sie in die allertiefste Depression stürzte, samt ihrer Kinder.

Da gibt es hochintelligente Menschen, die ungebunden sind, zunächst höchste Achtung vor einander haben und sanft mit einander umgeben, aber sich wie in einer Zentrifuge immer schneller um ihre neue gemeinsame Welt drehen, von Liebe und Ekstase erfüllt sind, die bisherigen Lebensumstände völlig außer Acht lassen und trotz gemeinsamer Werte und guter Absicht es nicht schaffen, eine Freundschaft aufzubauen, die auch einmal innehalten lässt und schaut, was ist.

Plötzlich wird ein Partner gewahr, wie der oder die andere sich über ihn stülpt, Meinungshoheit beansprucht, nur das Beste will (für sich oder für die Beziehung?) und weiterhin werden die ,hoh(l)en Werte' dieser harmonischen Nähe und gemeinsamen Gefühlswelt nicht hinterfragt. Manchmal bedarf es außergewöhnlicher Umstände, damit einer oder beide wieder **nüchtern** wird/ werden, wenn z. B. mangelnde Großzügigkeit, Besitzansprüche oder andere Übergriffe, bis zu sexuellen zu Tage treten.

Nüchtern werden, eine sehr unangenehme Erfahrung mit allen Erscheinungen einer Sucht und anschließender Katerstimmung = Entzugserscheinung, kann nur jemand, der vorher - wir bleiben beim Thema - **gefühlsbesoffen** war und in diesem Zustand in der Lage ist, alles zu verspielen, was ihn ausmacht, einschließlich der Reputation (*s. Kapitel Die Ohren der Frau und die Augen des Mannes werden nicht satt*). Hier kann keiner gewinnen.

Gehen zwei Menschen dermaßen in Resonanz - Alter spielt keine Rolle -, dass sie alles um sich herum ausblenden, leben beide oft- und erstmals ihre ‚ungestillte' **Sehn-sucht** aus: Der eine mehr, der andere vielleicht weniger. Passen sie jetzt nicht auf sich auf, werden sie manipulierbar, bemerken überhaupt nicht, dass sie ihr Suchtmittel (noch) brauchen. Was aber sollte der Süchtige in seiner **Gefühlsbesoffenheit** meiden? Das Suchtmittel. Beim einen Süchtigen ist es der Alkohol, beim anderen der Sex und andere vermeintlich und ‚endlich gefundene' partnerschaftliche Begleiterscheinungen, wie Geborgenheit, Wärme und Liebe.

Meiden sollten beide eine tiefe Beziehung (und dazu gehört auch die sexuelle) so lange, bis sie für sich - jeder für sich - geklärt haben, woher diese Sucht-Resonanz kommt. Inzwischen können beide an einer Freundschaft Gefallen finden und sie aufbauen, zumal erfahrungsgemäß solche Partnerschaften am belastbarsten sind, die auf Freundschaft gründen, weil vor einer Bindung geklärt wurde, wofür beide Teile stehen und ob und wie viele Kompromisse gemacht werden müssen, um **freiwillig** beim anderen zu bleiben. Oder ob der ‚Tod der Liebe' schon bald eintreten kann. Nicht selten kommt vor dieser Klärung ein körperliches Symptom, quasi aus dem Nichts daher, das klar und deutlich anzeigt:

Ändere Dein Verhalten, höre auf Deine innere Stimme. Unsere Seele weiß genau, was wir brauchen und alarmiert uns auf diese Weise, zumal unser Verstand erst im Nachhinein kapiert, was uns gut tut. Herzzerreißender Liebeskummer gehört nicht dazu. Höchstens als Wachstumsschmerzen.

Später, wenn beide Partner gewandelt in ihrer jeweiligen Mitte leben und aus ihr heraus authentisch agieren können, ficht sie die Sucht nicht mehr an, gelingt, was gelingen soll; vor allem leichter und erfüllender.

Die Weisheit unserer wunderbaren Sprache
sagt es uns, wenn wir hinhören - über Schlüsselworte

Wenn wir verstehen wollen, was uns krank macht, gibt uns die Sprache oder der Volksmund erste Hinweise, quasi ‚Schlüsselworte'. Hören wir nicht konzentriert zu, was der Patient sagt, oder reden viel oder lassen den Patienten nicht ausreden, überhören wir sie.

Auch hier gilt: Wer redet, erfährt nichts.

Wenn ich etwas ‚in den falschen Hals bekomme' und es daher nicht schlucken und verdauen kann, habe ich mich verschluckt, z. B an zu großen Bissen, an mir unzuträglicher geistiger Nahrung oder Problemen?

‚Ich bin überfordert'. Wer überfordert wen oder was, gar ich mich selbst? Woher kenne ich dieses Gefühl?

‚Kein Boden unter den Füßen' bedeutet nicht verwurzelt sein, kein Urvertrauen haben; es mangelt an Überlebenswille.

Das ‚geht mir an die Nieren'. Nieren sind paarige Organe, die linke gehört zur weiblichen (Mutter/Tochter, Kollegin, Vergangenheit), die Rechte zur männlichen Seite (Vater/Bruder, Chef, Zukunft). Nierenprobleme symbolisieren einen Beziehungskonflikt.

Hinter jeder Krankheit, jedem Unfall, jeder Verhaltensstörung, sagen die Schamanen, steht ein Beziehungsproblem (Familie, Arbeit, Freunde, Liebe, Partnerschaft). Andere gibt es nicht, sei hier einfach angemerkt.

‚Das juckt mich nicht.' Will/kann ich nicht aus meiner Haut, mich nicht kratzen, wo es juckt, wo ich dünnhäutig würde?

Warum bin ich ‚krumm'? Habe ich krumme Gedanken? Bin ich gar ein krummer Hund?

‚Warum habe ich einen Buckel?' Vor wem buckele ich, gar schon ein Leben lang oder in früheren Leben?

‚Wenn ich das laut sage, gehe ich durchs Feuer'. Was brennt? Wer brennt? Wer hat das Feuer gelegt?

‚Meine Gedanken kann ich in die Tonne kloppen.' Was steht auf den Tonnen drauf? Unruhe, Ungeduld, Angst, Einkommensverlust, Partnerschaft, außereheliche Beziehung, Krankheit, Lieblosigkeit, mangelnde Sicherheit?

Seit Wochen ‚fühle ich mich total krank'. Wer/was hat mich gekränkt?

‚Mein Hals ist wie zugeschnürt.' Wer hat mir denn den Strick umgelegt?

‚Es raubt mir den Schlaf'. Haben die Räuber einen Namen?

‚Ich kann nicht einmal mehr das Not-wendigste erledigen.' Was würde die Not wenden?

‚Ich mache mir Sorgen', sagt, dass ich eigentlich keine habe, ich mache sie mir - immer nur im Kopf.

‚Ich fühle mich wie durch die Mangel gedreht'. Wer mangelt hier wen? Oder: An was mangelt es mir?

‚Ich habe mich vergriffen.' Bei was habe ich mich oder habe ich mich gar im Ton vergriffen? Wem gegenüber?

‚Seit Monaten habe ich einen steifen Nacken'. Wer sitzt mir im Nacken, mit welcher Hartnäckigkeit? Dahinter steckt die Frage: Wann bin **ich** endlich dran? Es bedeutet ‚Übernahme der Verantwortung für die eigenen Bedürfnisse.'

Nehmen wir jede dieser Äußerungen ernst und wörtlich, sind wir der Wirklichkeit der Patienten ganz nahe; denn es sind sehr wichtige Schlüsselworte oder -sätze.

Unsere Sprache - über Gedankenlosigkeit

Stellvertretend für viele Miss-Interpretationen steht die sog. ‚Schwangerschaftsunterbrechung', mit der Patientinnen in einem Nebensatz eine Abtreibung benennen und mit der oder - waren es mehrere - denen sie sich rumquälen. Oftmals ist das Bedauern, danach keine Kinder bekommen zu haben, unüberhörbar.

Wie läuft das in den lustvollsten Augenblicken zwischen Paaren denn ab?

Eine Seele sucht sich neue Eltern aus Gründen, die wir jetzt nicht erörtern; jedenfalls ist sie fündig und ‚nistet' sich ein. Möglicherweise fand der Versuch schon mehrmals statt, wie ich aus dem eigenen Umfeld (von Fehlgeburten) weiß. Nun stellt die erwählte junge werdende Mutter fest, dass ihr das überhaupt nicht passt; der Kerl ist schon wieder ‚über den Acker', die Ausbildung noch nicht beendet und die Eltern drehen ‚auf dem Teller', wenn sie es erfahren. Alles kommt viel zu früh und war so nicht geplant. Bleibt nur die gedankenlos benannte ‚Schwangerschaftsunterbrechung'.

Vorsicht! Das ist ein Abbruch und das ist Mord; denn da wird nichts unterbrochen und dann wieder zusammengefügt. Das ist schlicht Mord an einem lebenden Wesen. Da wird nicht nur die Frucht gewaltsam abgestoßen sondern auch die Seele. Wenn sie nun weiterhin zu dieser Mutter will, versucht sie es erneut; und in jungen Jahren der Mutter kann es der Seele wieder so ergehen, dass sie nicht erwünscht ist. Wer hat nicht schon von 4-6 Fehlgeburten gehört, bis endlich das erste Kind kam?

Das geht an der Frau, die abgetrieben hat, nicht spurlos vor-
über. Durch ihr eigenes Zutun wurde sie vom Opfer zum Täter,
weshalb sie später auch immer noch mit einem schlechten Gewissen herumläuft, auch wenn die Seele es vielleicht noch später
doch schaffte, bei ihr zu inkarnieren und das Familienglück vollkommen ist. Oft genug gibt es aber dann zwischen Mutter und
Kind Konflikte.

Die einfachste Art, Frieden mit den ‚ausgestoßenen' Seelen zu
bekommen, ist, mit ihnen **auf dem Papier** in einen Dialog zu treten
und sie um Vergebung zu bitten, in dem auch neben dem Be-
kenntnis, unüberlegt gehandelt zu haben, wirkliche Reue benannt
wird. Allein dieser Brief, der zuletzt rituell verbrannt werden kann,
kann etwas zum Guten wenden; und ist diese Seele doch wieder in
der Familie inkarniert, wird sich auch im Verhältnis zur Mutter
etwas harmonisieren. Für die Seele ist jetzt das Sinnhafte nach der
damaligen Handlung erkennbar und das strebt sie stets an: Die
Täterin hat es erkannt und ihr Verhalten liebevoll geändert.

Eine bessere Möglichkeit, eine ungewollte Schwangerschaft in
Harmonie aufzulösen, besteht darin - wenn es nun schon einmal
passiert ist - der empfangenen Seele zu erklären, dass es jetzt
wirklich sehr-sehr ungünstig ist, sie zur Mutter zu machen und ihr
zu versichern, dass sie zu einem späteren Zeitpunkt willkommen
ist und ihr an Liebe nichts fehlen soll. Vertrauen Sie dem Kosmos.

Damit dieses Thema nicht so verbissen behandelt wird, hier ein
hessisches Ausrufezeichen: "Annern Leut ihr Döchter: Jeden
Daach, nix; unser Marieche: Aamol. Batsch!"

Wer schon einmal unverkrampft so weit ist, sollte bei unerfülltem Kinderwunsch nicht die Geistige Welt außer Acht lassen und einfach seiner einladenden Bitte Raum geben, fragen und in einem Seelenbrief schreiben: „Ich will ein Kind. Wer will zu mir?" Und noch gekonnter gehen Sie vor, wenn Sie beispielsweise mit der sterbenden Lieblingsoma verabreden, dass sie bei Ihnen, der Enkelin inkarnieren kann, dass sie von Herzen willkommen ist und Sie sich jetzt schon auf sie freuen. Eine Win-win-Situation für alle.

Liebe - eine immerwährende Geisteshaltung -
auch wenn alle Welt meint, sie sei ein Gefühl

Wer sich mit Partnerschaften beschäftigt, muss mit Blindheit geschlagen sein, wenn ihm nicht auffällt, dass wir unsere Kinder völlig unvorbereitet ‚ins Leben' entlassen oder das Leben auf sie loslassen, dass wir selbst größtenteils nicht erwachsen sind und das auch noch fälschlicherweise mit Liebe verbinden.

Ein Plädoyer der Vorsorge für Partnerwillige, die erst einmal lieben lernen sollten:

Nicht-Erwachsene erziehen wieder Nicht-Erwachsenwerdende, die in ihren Beziehungen ebenso scheitern wie ihre Eltern, die durch ihr ganzes Leben einen Dauerkummer oder eine Dauerangst schleppen, unter denen sie schier zusammenbrechen. Diese Menschen verursachen Nöte und Ängste bei ihren Mitmenschen und eine Menge Kosten.

Wenn hier einer Vorsorge das Wort geredet wird, dann dürfen diese Nachsorgekosten nicht außer Acht bleiben. Es ist also höchst ökonomisch und zahlt sich für die ganze Gemeinschaft aus, wenn Vorsorge betrieben wird und die wird nicht die größten Aussichten auf Erfolg dort haben, wo der Scheidungsrichter einmal wieder Ordnung macht, sondern höchstwahrscheinlich in den Situationen, in denen Menschen einander lieben (oder auch nur in einander verliebt sind), in denen sie jedenfalls für positive Änderungen **an sich selbst** völlig aufgeschlossen sind. Niemz sagt es so: ‚Liebe ist absolut, wenn sie aus dem Liebenden und dem Geliebten ein Ganzes macht' *(s. Niemz: Bin ich, wenn ich nicht mehr bin?)*

Sich in einen andern Menschen verliebt, ein Kind gezeugt zu haben, es heranwachsen zu spüren, ist das Wunder schlechthin. Verantwortung für dieses Wesen, das Menschen mit ihrer göttlichen Natur schöpferisch verursacht haben, zu empfinden, noch im Mutterleib und dann im täglichen Leben, in Momenten, in denen Eltern angerührt sind vom Wunder Leben und nicht von dem, was sie in ihrer aufgeprägten, von der Familie übernommen Angst für das Leben halten, öffnet Türen in eine heilige Welt.

Das Leben an sich·ist nicht gut oder böse. Es ist! Doch für mein Leben ist es so, wie ich es empfinde und ich empfinde es nun einmal gut und weiß, dass es sich entwickeln will, weiter entwickeln will und zwar zum Feineren, zur Vollendung; und nicht, weil ich mir das so vorstelle und unbedingt eine These bestätigt sehen will, sondern weil das Leben sich selbst gegenüber nicht feindlich eingestellt ist, weil die lebende Natur auf Erhalt der Art und Weiterverbreitung gerichtet ist und agiert und weil das Leben nicht sein eigener Krebs ist, sich nicht selbst umbringt. Nur Menschen können Feind ihrer selbst sein. Nur der Mensch ist in der Lage, einen gesunden Körper umzubringen. Weil eben Angst nur im Kopf ihr Unwesen treibt.

Das Leben geht auch den kürzest möglichen Weg, mag uns in unserer Kurzsichtigkeit ein Umweg der Natur auch schon einmal als Kompromiss erscheinen. Wenn wir dieses Prinzip verinnerlichen können, erkennen wir sehr schnell, dass dies auch für uns Menschen, die wir höchstentwickelter Teil der Natur/des Lebens sind, jedenfalls sein sollten, der ökonomischste und damit kostengünstigste Weg ist; zumal wir nicht über diese unendlichen Ressourcen der Natur verfügen. Wir haben gewissermaßen einen Schuss für unser Lebensziel und wenn wir großes Glück haben, bekommen wir im Laufe unserer Inkarnation noch einmal eine Chance.

Und nicht zuletzt an diese Mitmenschen denke ich gerade.

Wir können uns gewaltige Nachsorgekosten ersparen und sehr viel Gutes für unser Lebensglück tun, sagen und geloben wir, jeder für sich: **Ich ändere mich. Ich will das für mich, für mein Leben, für meine Familie. Ich bin Willens! Ich tue es j e t z t .**

Wenn das zu unserer immerwährenden Geisteshaltung wird, verbinden wir uns mit der größten Kraft im Universum: der Liebe.

Für die Liebe kann ich jederzeit sterben. Das muss nicht gleich ein Unfalltod oder etwas sonst Spektakuläres sein. Es geht auch kleiner:

Ich kann z. B. einmal den Mund halten, wenn mein/e PartnerIn anderer Meinung ist als ich und mir liebevoll anhören, was ihre/seine Meinung ist, sie/ihn nach ihren/seinen Beweggründen fragen und nicht wieder nur ein ‚entweder oder' sondern jetzt ein ‚sowohl als auch' zulassen. Und wenn ich mich immer noch nicht durchsetzen kann, sofort den Gedanken einschalten (das muss vorher als Mantra geübt werden): **Will ich Recht behalten oder glücklich sein?** (*s. mein Heilungslied*)

Jedes Mal, wenn ich so umsichtig agiere, stirbt in mir etwas von meinen alten Gewohnheiten für die Liebe und wird neu geboren. Auch das ist: **Für-die-Liebe-sterben-können!**

Meister des eigenen Lebens werden
„Einfach als Mensch richtig leben", wünschte sich eine Patientin

Wollen Sie wirklich Meister Ihres eigenen Lebens werden? Ja? Dann sollten Sie **die Spielregeln** lernen.

Nicht immer geht es im Leben sogleich um profunde Krankheitsbilder, Verhaltensstörungen, gar Krebs oder um allgemeinverbindliche Lebensprogramme, die einer Heilung harren.

Sich die Gesundheit zu erhalten, ist ein vorbeugendes Ziel; angstfrei leben, in Liebe und innerem Frieden, mit positiven Gedanken, Wohlwollen, Mitgefühl und sich in gegenseitigem Respekt entwickeln, dabei kreativ bis ins hohe Alter bleiben, ist ein lebbarer Traum (weil zuerst die Idee da ist), um zuletzt gesund und bewusst zu sterben, um den Tod auch zu erleben. Dann können Sie gleichzeitig etwas zu Ihrer Entwicklung für die nächste Erscheinungsform Ihrer Seele tun.

Eine tiefe Erkenntnis der Esoterik ist es: **So wie ich lebe, so sterbe ich und so wie ich sterbe, werde ich wieder geboren** (s. Kapitel *Die eigentlichen Ziele im Leben - wie gehe ich wieder?*).

Jetzt geht es jedoch darum, Meister des eigenen Lebens zu sein; doch dazu sollten Sie die Spielregeln kennen, nach denen Leben glückt. Wir können nicht das Spiel - unser Leben - verantwortlich machen, wenn wir nach falschen Regeln spielen.

Fangen wir bei den **Spielregeln** ganz oben an, die uns von den ‚Schicksalsgesetzen‘ vorgegeben sind und die *Rüdiger Dahlke* beschreibt:

+ In der Hierarchie steht allem **die Einheit** voran, das All-eine, die Erleuchtung; dahin streben alle Religionen und Traditionen. Sie steht der materiellen Schöpfung gegenüber.

Alles Geschaffene verkörpert sich mit dem Eintritt in die nächste Ebene, die Polarität.

+ **Die Polarität** ist das zweitwichtigste Lebensgesetz (hell - dunkel, Mann - Frau, gut - schlecht, Gesundheit - Krankheit, innen – außen, Form - Inhalt); alles hat einen Gegenpol und beide bedingen sich. Rüdiger Dahlke, auch ein Lehrer von mir, sagt u.a. in „Krankheit als Symbol“:

„Krankheit gehört zum Weg in die Polarität. Denkt man in Hierarchien (ursprünglich die Herrschaft des Einen oder des Heiligen),

wäre also dem Geistig-Seelischen durchaus die 1. Stelle vor dem Körper zuzubilligen; in der Auseinandersetzung mit der Krankheit bewährt es sich trotzdem, beide als gleichwertig zu betrachten und jedenfalls nicht der nach-geordneten körperlichen Ebene den Vorzug oder gar einen Alleinvertretungsanspruch einzuräumen, ..." Ende des Zitats.

+ Darunter steht das **Resonanzgesetz** als ‚Gesetz der Entsprechung' oder Affinität. Meine Taten entsprechen meinen Gedanken. In welchen Situationen gehe ich in Resonanz. Alles, womit ich in Resonanz gehe, hat mit mir zu tun.

Von hier jetzt direkt zu den Spielregeln in unserem Alltag, die es abzuklären gilt:

+ Der Mensch ist primär ein Geistwesen in einem Körper. Es herrscht die **Priorität des Geistes**. Der Körper ist das Sprachrohr der Seele.

+ Heilung geschieht jetzt und indem ich etwas verändere, etwas tue - nicht gestern, nicht morgen und nicht, indem ich etwas nur hochinteressant finde, wie möglicherweise dieses Buch.

+ Das Gesetz von Ursache und Wirkung sollte uns stets gegenwärtig sein. *‚Wie ich in den Wald hineinrufe, so schallt es heraus'*, sagt der Volksmund. Wünsche ich meiner Partnerin nur das Beste, kommt das Beste zurück - und umgekehrt. Achte ich wirklich auf meine Gedanken, Worte und Taten? Übe ich geistige Hygiene?

Oft wird traditionell und fälschlicherweise mit ‚Schuld', persönlicher Schuld argumentiert. Die Seele und die Geistige Welt kennen keine Schuld, wohl aber **Ursache und Wirkung**.

+ Lebe ich ‚entweder - oder‘ oder ‚sowohl - als auch‘?
Letzteres bedeutet in die Fülle leben; andernfalls begrenze ich mich, habe allerhöchstens 50% Chance.

+ **Bin ich der wichtigste Mensch in meinem Leben?** Liebe ich mich selbst? Nur wenn ich mich selbst liebe, kann ich andere lieben. Andere Forderungen sind bewusst (?) fehl-interpretiert.

+ **Der Kosmos ignoriert: Nein, nicht, nie, niemals, kein, keinesfalls.** Negationen sind in emotionalen Äußerungen zu meiden.

Weigere Dich stattdessen: „**Ich weigere mich**, mir das von Dir noch einmal gefallen zu lassen" statt: „Das kannst Du mit mir nicht mehr machen". Sonst bekommst Du „mehr".

+ **Wie ich die Welt betrachte, so erlebe ich sie.** Denke ich Krankheit oder Gesundheit?

+ **Energie folgt der Aufmerksamkeit / Absicht.**

Eine weit unterschätzte Spielregel:

+ **Kann ich auch einfach mal den Mund halten?**
Merke: **Wer redet, erfährt nichts.**

+ **Wir haben stets die z. Zt. richtigen Partner/Innen,**
die uns Spiegel sind und sein sollten.

+ **Will ich Recht behalten oder glücklich sein?** Es geht um **achtsames Kommunizieren** und Kommunikation ist Liebe.

+ **Wenn ich mich ändere, ändert sich die Welt.**
Übe ich Gedankenhygiene?

+ Sprich in persönlichen Gesprächen nur von Dir
(nicht von ‚man' und nicht von ‚wir'), aber davon, was z. B. ein verletzendes Wort mit Dir macht:

„Warum fühle ich mich nach Deinen Worten so mies?" - Unterlasse Anklage - Pingpong – Projektion!

+ Wenn jeder vor seiner eigenen Tür kehrt, ist überall sauber.

+ Alles ist ganz einfach. Nur unser Verstand liebt es, alles zu verkomplizieren. Meist **verschlimmbessert** er nur.

Nehmen wir ein **Verhaltensbeispiel** aus meiner täglichen Praxis:

Ein Mensch hat trotz ernsthaften Bemühens kein Glück mit Partnerschaften. Jegliche Anstrengung bis zur Selbstverleugnung und alle Mühe führen immer wieder nur zu Frust und Enttäuschung. Mittlerweile werden materielle Hilfen geschluckt, Therapien absolviert, eine Kur in einer psycho-somatischen Klinik anvisiert und trotzdem ist schon wieder eine Beziehung am Ende.

Alle erlernten Über-lebenskünste helfen nicht mehr. In der neuen Partnerschaft geht es wieder nur ums Über-leben; die Ressourcen sind erschöpft. Wir fühlen uns fälschlicherweise schuldig und das echte Leben grüßt von weitem oder gelingt offensichtlich nur den anderen.

Das Thema sollte endlich nicht mehr lauten: Was bringt mich aus diesem Teufelskreis heraus, was nehme ich bei dieser Verhaltensstörung an Medikamenten ein, wer oder was kann mir helfen bei meinen Partnerschaftsproblemen, bei meiner Verlustangst, bei meiner Beziehungssucht?

Wir sollten endlich die Segel des Willens hissen, **direkt am Symptom** bleiben und ganz einfach fragen:

Warum werde ich liebeskrank. Wieso renne ich immer wieder in die gleichen Frauen oder Kerle, die mir nicht gut tun? Schon wieder bin ich in einer Situation, in die ich n i e mehr kommen wollte; und trotzdem bin ich wieder drin. Woher kenne ich dieses Muster?

Ich persönlich hatte mir geschworen, *nicht zu jenen zu gehören, die erst **nicht** ohne und dann **nicht** miteinander leben können* - und genau zu denen habe ich letztlich über 40 Jahre gehört.

Was läuft da in meinem Leben ungesund - gegen mich? Was ist die Geschichte hinter meiner Geschichte - die **stiftende Ursache**? Welche Spielregeln missachte ich?

Im alten China wurde der Arzt oder Heiler nach der Gesundheit bezahlt bzw. unterhalten. War ein Mitglied der Familie krank, erwartete der Arzt überhaupt keine Vergütung.

In unserem sog. Gesundheitswesen aber wird überwiegend die Krankheit über Krankenkassen honoriert, in Krankenhäusern die Krankheit behandelt. Dieses System ist nicht mehr bezahlbar und auch der neuesten Reform werden weitere folgen, weil immer nur die Krankheit verwaltet, am Symptom gewurstelt wird. Bei allen Erfolgen der modernen Medizin werden wir noch eine Weile warten müssen, bis sich alternative, ganzheitliche Heilweisen und moderne Medizin zusammenraufen - zu unser aller Wohl.

Wir sind daher gut beraten, unsere Gesundheit selbst in die Hände zu nehmen, so lange wir es noch können.

Warum also werde ich krank und wie komme ich an mein persönliches Thema? Sind das evtl. sogar alte Muster, sog. Prototypische Situationen von mir?

Wann war die Welt für mich noch in Ordnung?

Wann bin ich aus der Liebe gefallen und wann sind meine Zellen aus der Liebe gefallen?

Wie finde ich meine individuelle Heilung?

Entscheide ich mich für eine spirituelle Betrachtungsweise (Symbol Berührung) oder suche ich Hilfe von der bio-chemischen Forschung, die auf Masse zielt (Symbol Gießkanne - das Medikament wird schon wissen, was es heilen soll)? Das ist ein riesengroßer Unterschied.

Wie finde ich meine eigene Lösung, meine innere Kraft, mein Heil - selbst? Es kann nur eine **individuelle Lösung** sein.

Niemand hat zufällig einen Unfall, oder sucht sich die falschen Partner. Es geht stets um die innere Ursache, um den stiftenden Auslöser. Das können wir schon einmal festhalten. *(Hierzu hat Clemens Kuby enorm wichtige Selbstheilungs-Gedanken niedergeschrieben und in seinen Büchern und Filmen veröffentlicht.)*

Damit wir für uns das Geistige Heilen entwickeln können, stellen wir uns erst einmal die Frage, wo wir mit unserem Bewusstsein und Glaubenssystem tatsächlich stehen; denn unser Glaubenssystem ist die Kontrollbehörde in unserem Gehirn, die nur vorbeilässt, womit sie in Resonanz ist, was sie versteht, was ihr passt, manchmal ein Leben lang und wenn es tausend Mal anders herum bestätigt und belegt ist; denn ‚Was der Bauer nicht kennt ....'

Was ist denn die *Funktion des Schmerzes,* der Krankheit? Die Botschaft des Schmerzes kann nur heißen:

Ändere Dein Verhalten, bevor Du gezwungen wirst, es zu ändern. Beim Griff auf die heiße Herdplatte leuchtet das sofort ein. Da vertrauen wir im Übrigen ohne Murren den Selbstheilungskräften.

Schmerz ist der Wegweiser, unser Freund: Ändere Dein Verhalten / Deinen Weg - und es macht überhaupt keinen Sinn, den Wegweiser, das Symptom, den Schmerz - anstelle des Fehlverhaltens - zu beseitigen, auch wenn es heute noch überwiegend so praktiziert wird. Philosophisch betrachtet lautet die Botschaft:

Finde die seelische Ursache, bevor sie Dich findet. Und noch dahinter steht: Finde den Tod, bevor er Dich findet.

Angelus Silesius sagt dazu: „Wenn Du nicht stirbst, bevor Du stirbst, verdirbst Du."

Denken wir bei einem akuten Schmerz darüber nach, welche rationalen Gründe zu diesem Schmerz geführt haben oder fragen wir uns, **welche geistige Ursache der Schmerz haben könnte?**

Fühlen wir uns als ein körperliches oder als geistiges Wesen? Fragen über Fragen. Hier etwas für unsere rationale, die linke Gehirnhälfte:

Was ist die Konsistenz von Materie? Dazu sagt schon die alte Physik: Das Atom besteht zu 99,99% aus Vakuum, ein anderes

Wort für Nichts. Wir sagen Geist und der ist somit Energie auf energetisch-niedrigstem Niveau. Bleiben nur 0,01% vom Volumen des Atoms übrig für das, was wir Materie nennen.

Wir Menschen bestehen aus Atomen; alle belebte und unbelebte Welt, einfach **das gesamte Universum besteht zu 99,99% aus Vakuum, sprich Geist.** Alles, was wir mit unseren fünf Sinnen erfassen können, alles, worauf wir seit Descartes so stolz sind, es geschaffen zu haben, ist nur 0,01% Materie in Form von Elementarteilchen - das ist der 10 000ste Teil. Wir sind somit zu 99,99% Geistwesen, ob wir das glauben oder nicht. Geist wirkt, Geist schafft.

Carlo Rubbia, der ital. Physik-Nobelpreisträger bezeichnete 1984 die Materie als den milliardensten Teil der Realität, um die sich Wissenschaft kümmert (1Miard Energieeinheiten braucht es, um 1 Energieeinheit Materie zu erzeugen).

OK; und um den Rest kümmern wir uns jetzt.

Erst kommt also die Idee. In der Bibel, in der Bhagavad Gita, den buddhistischen Sutren, den hinduistischen Upanishaden; übereinstimmend *‚war am Anfang Geist.'* Plato sagt: *„Hinter jedem Ding ist eine Idee."*

Bevor sich Ihnen nun der Magen umdreht oder sich die Zehennägel aufstellen, weil Ihr Glaubenssystem, Ihre Kontrollbehörde im Kopf, das Gehörte nicht durchlässt und leugnet, weil Wahrheit und Wirklichkeit bis heute für Sie immer ein und dasselbe waren, folgt hier etwas Grundsätzliches.

Das geistige Wesen Mensch

Landläufig werden Wahrheit und Wirklichkeit wie Synonyme behandelt, was aber einfach falsch ist; denn Wahrheiten sind immer subjektiv und jeder hat seine eigene Wahrheit. Es gibt sie also milliardenfach. Doch **Wirklichkeit ist das, was wirkt.**

Durch die Entdeckungen der Quantenphysik im atomaren und subatomaren Bereich wurden völlig neue Gesetze der Physik, die das Weltbild und die Gültigkeit der klassischen Physik revolutionierten, erkannt. Letztlich bestätigten sie die Spirituelle Wissenschaft bzw. näherten sich ihr immer mehr an.

Die alten Gesetze von I. Newton von der Absolutheit von Raum und Zeit wurden durch A. Einstein Anfang des 20. Jahrhunderts relativiert und von weiteren Physikern aufgehoben (J. Barbour 1999).

Der Glaube an eine feste Materie wurde schon um 1925 durch die Schrödingersche Wellengleichung von E. Schrödinger und W. Heisenberg (Jüngster Nobelpreisträger für seine Unschärferelation 1932) erschüttert.

Zunächst müssen wir dabei unsere Sicht auf das **senkrechte Weltbild** richten. Unser horizontales Weltbild verstellt uns - auch wenn es weitest verbreitet ist - die Sicht auf die Einheit, hat uns zwar bis hierher gebracht, doch wir haben nur analysieren, spalten (Kernspaltung) und kämpfen gelernt und das hat Hunger und Totschlag, Unterdrückung, Krankheit und globales Chaos gebracht.

Schwärmen Sie jetzt bitte nicht von der Kunst? Kunst ist eine wundervolle Flucht aus der Wirklichkeit (s. Kapitel über ‚Kunst - eine wundervolle Flucht‘.

Unser altes, horizontales Weltbild brachte uns bisher nicht Gesundheit, Weisheit, Glück, Frieden und Liebe untereinander. Wir wurden nur älter krank; oft nicht einmal das.

Das führt dann dazu, dass man, wenn ein Patient z. B. die OP verweigerte und trotzdem auf geistigem Wege geheilt ist und wieder zur Nachkontrolle in der Praxis auftaucht, lieber im Nachhinein die Diagnose ändert (dann war es halt doch kein Krebs), als dass man die Grenzen der rationalen/materiellen Möglichkeiten zugibt. Für die Kontrollbehörde im Kopf des Operateurs scheidet eine andere Möglichkeit einfach aus.

Das **senkrechte Weltbild,** das uns jetzt beschäftigt, war schon im 3. Jahrtausend v. Chr. den Sumerern bekannt und wurde vom Ägypter Hermes Trismegistos, des dreimal größten Thot (3./2. Jh. v. Chr.), der die hermetische Weisheitslehre schuf, so formuliert: **Wie oben so unten, wie innen so außen.**

Dieses Modell ist damit ca. 5000 Jahre älter als alles, was empirische Wissenschaft je schuf, verbreitete sich von Mesopotamien, den Nahen Osten (Sufis, Juden-, Christentum, Islam) über Indien (Hinduismus), Ferner Osten (Buddhismus, Konfuzianismus, Zen-Buddhismus, Taoismus, Shintoismus mit regionalen Ausprägungen aus und kam im 19. Jahrhundert nach Europa.

Es besagt nicht mehr aber auch nicht weniger, als dass wir mit allem jederzeit verbunden sind, was die **Moderne Physik** und die

Hirnforschung zunehmend bestätigen, die das weder Vakuum noch Geist nennen, sondern die „**Eigenschwingung der Materie auf energetisch niedrigstem Niveau**". Das war übrigens der Trick, mit dem altgediente Wissenschaftler überhaupt erst zum Nachdenken gebracht werden konnten. (*Global Scaling beschreibt das logarithmische, hyperbolische, fraktale und skaleninvariante Spektrum der Eigenschwingungen der Materie auf energetisch niedrigstem Niveau.*) In Wirklichkeit ist alles Schwingung und damit besteht **für die Moderne Physik kein Unterschied mehr zwischen Geist und Materie**. Beide sind Frequenzen auf unterschiedlichem Niveau - und die sind messbar. Die russischen Forscher haben da eine Vorreiterrolle übernommen.

Die wichtigste Funktion unseres Gehirns ist es, uns die Wirklichkeit zu erschaffen; denn an über 90% der Wahrnehmung sind unsere 5 Sinne nicht beteiligt. Auf dieser wissenschaftlich fundierten Erkenntnis baut Geistiges Selbstheilen auf. Sie nutzt unseren inneren Fundus.

So ganz nebenbei: Der weltberühmte Baseler Mathematiker **Leonhard Euler** (1707-1783) forschte vor ca. 250 Jahren mit Unterbrechung 29 Jahre bis zu seinem Tode am Zarenhof in St. Petersburg, davon die meisten Jahre im Dienste einer Deutschen, Katharina II., der Großen. Schon unter ihr wurde an den russischen Akademien *reine Lehre/Forschung* - ohne Zwang und Zweck - betrieben, während die westliche Welt schon bald zweckgerichtet forschte und in der späteren Folge Patente erwirken wollte und mit ihnen vor allem an Gewinne dachte. **Das ist waagerecht gedacht** und nicht in die Tiefe.

Jedenfalls basieren die Forschungsergebnisse der **Modernen Physik** auf Erkenntnissen des genialen Leonhard Euler, der *die* Euler'sche Zahl ‚e' für den Logarithmus 3 = 2,71828 formulierte. Euler, bis heute einer der extrem produktiven Mathematiker, hatte sie entdeckt und sie musste nie korrigiert werden. Sie ist auch als ‚Naturkonstante ‚e' bekannt. Seine Genialität ist umso mehr zu bewundern, als er seit 1771 total erblindet war.

Bei all unseren kosmischen Messungen und Berechnungen handelt es sich um ein Mehrfaches oder Teilbares von e = 2,71828, was darauf hindeutet, dass wir **logarithmisch** rechnen sollten. Aber wir beharren nach wie vor auf dem Dezimalsystem und damit rechnen wir linear. Aber das Leben verläuft nicht linear sondern exponentiell = sprunghaft (*s. auch Markolf H. Niemz*). Einen aktuellen Beleg dafür finden Sie im Kapitel ‚*Die Natur duldet kein Vakuum'*.

Die Mayas in Mexiko, deren Kalender am 21.12.2012 neu begann, rechneten schon vor 3500 Jahren mit log 20 und nicht mit 10; denn ‚e' hoch 3 ergibt 20,0855.

Unsere Wissenschaftler beharren noch heute auf dem Dezimalsystem und wundern sich lieber, dass in unserem linearen System kaum große Rechnungen aufgehen. Bei den Kleinen ist es vernachlässigbar.

Beim CERN, dem Teilchenbeschleuniger in der Schweiz wunderte man sich 2014, dass Teilchen 64 Millisekunden zu früh wieder zurück waren, als man es berechnet hatte, und suchte lieber weltweit mit Fachkollegen nach Rechenfehlern, statt zuzugeben, dass es keinen Urknall gab und gibt. Übrigens war Rubbia ‚mitsingender‘ Direktor im CERN. Alles ein wenig verwirrend.

„Wir brauchen dringend Wachstum", mahnen die Wirtschaftsforscher. Nun aber ist unser Wirtschaftssystem auf unendliches Wachstum ausgelegt - in einem endlichen irdischen Raum. Wir werden uns vom Wachstum verabschieden müssen, haben es eigentlich schon getan. Es kann nicht aufgehen.

Auch die Palme von Port Said wurde nur 1000 Jahre alt. Mein kreatives Credo als Künstler lautete immer: **Was wird, vergeht.**

Wenn es inzwischen eine auch wissenschaftlich gesicherte Tatsache ist, dass das Gehirn die gleichen Synapsen bildet, die mit ihren Botenstoffen die Funktionsweisen unserer Zellen und Organe steuern, ob es Wahrheit oder Fake ist, kann ich auch umgekehrt meine subjektive Wirklichkeit **um-schreiben**, und zwar so lange und oft, bis die neue Wirklichkeit wirkt, greift, mir gut tut, sich die alte Befindlichkeit aufgelöst hat und der Schmerz verschwunden ist. Das funktioniert - ohne Zeitverzug - dauerhaft.

Und wenn mir meine neue Wirklichkeit immer noch nicht gefällt, bessere ich nach, schreibe ich neu, bis es passt, bis ich lachen kann.

Das hat nur mit meinem Glaubenssystem zu tun. Fühle ich mich primär als ein Geistwesen oder nicht? *(s. Seelenschreiben®)*

Am Anfang steht der geistige Impuls - die Idee

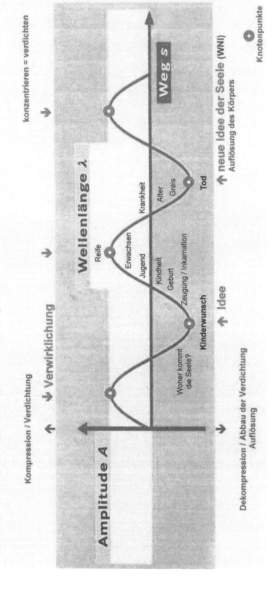

AM ANFANG STEHT IMMER DER GEISTIGE IMPULS - DIE IDEE

Darstellung jedes denkbaren dynamischen Prozesses / Konfliktes / Wunsches als natürliches Schwingungsmuster (Welle)

von der Idee bis zur Erfüllung und wieder zur Auflösung, wobei **Idee** für alles stehen kann: z. B. Kinderwunsch, Krankheit, Gegenstände, Geschäftsidee uam.

Beispiel Mensch / Inkarnation der Seele:
Kinderwunsch - Zeugung / Inkarnation - Geburt - Kindheit - Jugend - Erwachsentum- Reife - Krankheit - Alter - Greis - Tod des Körpers

Wollte die Seele wieder in die Familie? Wie lautet ihr Wunsch/Aufgabe für die nächste Inkarnation **(WNI)**?

Seelenschreiben® muss gelernt sein

Wer sich als Laie mit dem *Seelenschreiben*® der Kuby-Methode beschäftigt, steckt schon einmal in der Situation, dass er meint, er könne das allein bewältigen und für sich im stillen Kämmerlein auf die Reihe bekommen. Das ist schon geglückt und wird wieder glücken. Aus der Erfahrung mit Heilgruppen weiß ich allerdings, dass hier der Erwachsenenbildung ohne Bewusstseinsänderung schnell Grenzen gesetzt sind, wenn die Struktur nicht verstanden und nur gute Prosa fabriziert wird. Da die Methode in den Seminaren von C.K. gelehrt wird, gehe ich hier nur auf ein beispielhaftes Erlebnis mit der frustrierten Patientin G. ein, die nach langem Therapeuten-Hopping bei mir landete und mir ein 6-seitiges, handgeschriebenes Leidenspapier (Diagnose MS) mailte, das ihrerseits nach Lesen und Erkennen der Methode zustande kam.

Eigentlich war sie schon wieder auf dem Abschiedsweg vom *Seelenschreiben*®, ihr Bauchgefühl sagte ihr aber: ‚Zeig das noch einmal einem, der was davon versteht', und damit tat sie gut. *MS = Multiple Sklerose* heißt wörtlich *Vielfachverhärtungen* und meint symbolhaft ‚in der Kommunikation'. Diese Menschen nehmen sich extrem zurück, sind sehr diszipliniert und hart gegen sich selbst und anderen gegenüber und sie sind Kontrollfreaks. Für uns Begleiter sind sie bei aller Wachheit überfordert und oft nicht gewillt, meist nicht in der Lage, loszulassen und ihre Situation aus einer neuen Perspektive zu betrachten. Oft sind sie ausgebildete Akademiker, Ratio-lastig und wollen alles verstehen können. Fühlen und Reinspüren ist nicht ihr Ding. Es ist sehr schwer, ihnen Vertrauen in ihre eigenen Heilkräfte nahezubringen, auch weil sie sehr kritisch sind und alles selbst machen wollen. Sie haben aber körperliche Symptome und im strikten Insistieren auf diesen Tatbestand kann es gelingen, sie wachzurütteln.

In besagten sechs Seiten Leidensbrief fanden sich nur 2 (zwei) Wörter, die wirklich wichtig waren. G. beschreibt eine Situation als Fünfjährige, in der sie sich in der Küche unter den Tisch verkriecht und todmüde einschlafen will, aber nicht kann. In der Telefonsitzung frage ich sie:

B (Begleiter): Du bist todmüde, aber kannst nicht schlafen?

G: Ich bin immer müde.

B: Wieso ist eine Fünfjährige immer müde; die tollt den ganzen Tag herum und legt sich dann in eine Ecke und schläft spontan ein?

G: Ich bin schon todmüde auf die Welt gekommen.

(Kommentar: Hier sind 2 Infos: Tod und müde. Wenn sie schon todmüde auf die Welt gekommen ist, muss die ‚stiftende' Ursache in oder vor der Schwangerschaft liegen und da müssen wir nun hinein. Der Gedanke liegt nahe, da ‚müde' vor dem Tod kommt, eine Brücke zu finden, die zum heutigen Symptom führt, aber da waren wir noch nicht.)

B: Nun sitz' mal ganz entspannt mit den Füßen auf dem Boden und den Daumen der freien Hand im Bauchnabel. Wenn Du willst, schließt Du auch die Augen, atmest über die Nase 3 x tief in den Bauch, ohne die Schultern zu bewegen, und lässt die Luft über den Mund laut entweichen. Alles i. O.?

G: (nach einer Weile des Atmens) Ja.

B: Und jetzt gehen wir zurück in den Bauch der Mutti. Ich bin bei Dir. (sagst Du Mutti?)

G: Mama

B: in den Bauch der Mama und jetzt sag einmal schnell eine Zahl von 1 bis 40.

G: 9

B.: Du bist schon 9 Wochen in Deiner Mama?

G: Ja (sie lacht).

B: Spürst Du sie? Wo seid Ihr?

G: Die Mama ist aufgeregt. Da sind Stimmen, die ich kenne. Die streiten oft.

B: Woher kennst Du sie? Wen erkennst Du?

G: den Papa.

B: und noch?

G: die Oma.

B: Wer sagt was?

G: Ich weiß nicht. (Kommentar: ….wie es in meinem Leben weiter-gehen soll. Sie will wieder in die Realität ausweichen.)

B: Du spürst aber die Mama?! Kannst Du sie etwas fragen?

G: Ja, sie weint.

B: Was möchtest Du sie fragen?

G: Mama, warum weinst Du?

B: Und, was sagt sie?

M: Weil ich schwanger bin?

B: Und was sagst Du? Was möchtest Du sie wissen lassen?

G: Mama, das dauert doch noch lange, bis ich raus komme. Freu Dich doch. Ich will doch zu Dir und Papa. Ich freu mich schon.

M: Ach; der Papa, der will Dich nicht, der will noch kein Kind. Ich soll mit dem Arzt reden.

B: Und die Oma?

G: Die sagt, Ihr seid noch zu jung für Kinder und alles bleibt dann an mir hängen. Erst machst Du die Lehre fertig.

B: Was macht das mit Dir? Wie geht es Dir jetzt?

(*Jetzt will sie abdrehen und in die Realität; sie weint und sagt, „Der hat sich immer gedrückt." – Meta-Ebene ist das, sie will raus aus der Intuition*)

B: G.! Bleib jetzt da, wo Du bist, im Bauch Deiner Mama, ein neun Wochen alter Embryo bist Du und Du spürst die Regungen der Mama. Da bleibst Du jetzt und kannst sie auf Seelenebene alles fragen. Was willst Du wissen?

G: Freust Du Dich denn überhaupt nicht auf mich?

M: Ich habe einen großen Schrecken bekommen, als der Arzt mir sagte, dass ich schwanger bin. Wie soll ich mich auf Dich freuen, wo ich noch nicht mal einen Beruf habe und Oma sagt, ich soll Dich wegmachen lassen. Ich habe Angst, dass mir dabei was passiert.

B: Was spürst Du, dass **mit Dir** passieren wird, wenn Mama Dich wegmachen lassen soll?

G: Sie bringen mich um. Das ist mein Tod.

B: Und wer könnte Dir helfen? (Pause) Hat Dir schon einmal jemand geholfen, als Du in Not warst? (langes Schweigen) Oder möchtest Du von Dir aus wieder gehen?

G: Ich möchte zur Mama.

B: Gut, dann rede mit ihr. Kannst Du das?

G: Mama, spürst Du mich in Dir?

Ich bin Deine Tochter und möchte zu Dir kommen.

M: Ja, ich spüre Dich, aber Du kommst zu früh. Ich wollte das nicht. (Sie spricht wie zu einem Neutrum)

G: Aber nun bin ich unterwegs und spüre, wie Du mich ablehnst. (Langes Schweigen) Das macht mir große Angst. Dein Herz klopft so laut.

B: Wen kennst Du, der Dir helfen könnte?

G: Nur die Jungfrau Maria. Von früher. (*Die Seele kennt keine Zeit*)

B: Gut, dann rufe sie jetzt.

G: Jungfrau Maria. Bitte komm und hilf mir. Die Mama soll mich abtreiben lassen, sagt die Oma.

B: Kommt sie?

G: Ja, jetzt wird alles hell, ganz hell. Sie legt ihre Hand auf Mamas Bauch. Mama wird ruhiger.

B: Was soll die Jungfrau Maria für Dich tun? Du musst es ihr auch sagen.

G: Sie soll Oma und Papa sagen, dass ich kommen darf.

B: Du musst es ihr direkt sagen.

G: Jungfrau Maria, bitte hilf mir und nimm Papa und Oma die Angst, damit ich kommen darf. Der Papa soll sich ändern.

B: Was geschieht?

G: Sie legt Oma und Papa ihre Hände auf die Köpfe und sagt: Du bist der Papa und Du die Oma von G.. Sie gehört zu Euch und hat ein Recht zu leben. Nehmt sie an und in die Familie auf und heißt sie willkommen. Das ist mein Wunsch an Euch. Dazu gebe ich Euch meinen Segen.

G: Das sagt sie?

B: Ja, und zu Papa sagt sie noch: Sie braucht Dich und ihre Mama, damit sie gesund und glücklich leben kann.

B: Und was passiert jetzt mit Papa und Oma?

G: Oma macht ganz große Augen und ruft den Opa. Als er die Jungfrau Maria sieht, wird er ganz bleich und sagt: Ich habe es Euch gleich gesagt, dass Gott dieses Kind haben will und wir uns versündigen, wenn wir es nicht lieb haben.

B: Das sagt Dein Opa? Der ist ja ganz auf Deiner Seite. Wie ist das für Dich?

G: Mir wird zum ersten Mal ganz warm.

B: Was soll jetzt geschehen?

G: Mama, bitte versprich mir, dass Du mich leben lässt und immer meine liebe Mama bist, wenn ich nach Dir rufe. Jetzt streichelt sie über ihren Bauch und ihr Herz schlägt ruhiger. Ich spüre ihre Finger. Sie sagt: Mein liebes ungeborenes Kind. Wenn die Jungfrau Maria sich so für Dich einsetzt und Opa auch auf Deiner Seite ist, dann will ich alles tun, damit Du Dich in mir und nach Deiner Geburt wohlfühlst und in Liebe aufwachsen kannst. Das verspreche ich Dir, hier vor der Jungfrau Maria.

B: Glaubst Du der Mama?

G: Ja. Ich glaube ihr. Das macht sie.

B: Und die anderen? Papa und Oma?

G: Sie streicheln auch den Bauch von der Mama. Oma sagt: Sei willkommen, meine liebes Enkelkind. ich liebe Dich schon jetzt.

B: Und der Papa?

G: Papa nimmt seine Hand wieder von Mamas Bauch und sagt: Ich weiß nicht, ob ich das versprechen kann. Das geht mir alles zu schnell. Ich will es versuchen. Ja ich versuche es.

B: Reicht Dir das?

G: Nein.

B: Was jetzt? Frag' Papa mal, ob er zu Dir steht.

G: Papa, freust Du Dich überhaupt auf mich, Deine Tochter?

P: Ich weiß nicht. Noch nicht. Das kommt vielleicht noch. (Er zögert lange) Ich gebe mein Bestes. Er geht weg.

B: Wenn auch der Papa noch nicht zu seiner Tochter, zu Dir steht, hast Du doch schon viel mit Hilfe der Jungfrau Maria erreicht. Soll sie dem Papa noch einmal gut zureden?

G: Nein, ich habe jetzt Mama, die Oma und den Opa und glaube ihnen, dass sie mich beschützen. Bitte streichelt mich noch einmal, damit ich mich an Euch gewöhnen und noch mehr auf Euch freuen kann.

B: Und? Tun sie das?

G: Ja, und die Jungfrau Maria steht hinter ihnen und segnet uns.

B: Nun darfst Du Dich bei der Jungfrau Maria bedanken und Mama und den Großeltern auch noch ein paar liebe Worte sagen.

G: Jungfrau Maria, ich danke Dir für Deine Hilfe, auch wenn der Papa verschwunden ist. Oma, Opa! Ich freue mich schon auf Euch. Danke.

B: Und?

G: Mama, wir werden viel Freude mit einander haben. Ich hab Dich lieb.

M: Ich Dich auch. Und sie drückt mich ganz sanft. Die Helligkeit wird weniger und die Jungfrau Maria ist gegangen. (Nach einer Weile)

B: So nun komme in Deiner Zeit wieder in unsere Sitzung und wenn Du magst, öffnest Du wieder die Augen. Nach kurzer Zeit meldet sie sich wieder:

G: Das war ganz merkwürdig und wunderbar. Mir laufen zwar noch immer die Tränen runter, aber ich bin erleichtert. Danke.
B: Lass mich Dir jetzt eine mögliche Brücke zeigen:

Du warst im Mutterleib immer im Stress, weil Du energetisch und in Lautstärke die Diskussionen zwischen den Protagonisten und die Angst Deiner Mama mitbekommen hast und nicht sicher sein konntest, ob sie Dich nicht doch töten. Du konntest schon im Mutterleib nicht in Ruhe schlafen, weil lange Zeit der Tod über Dir schwebte. Daher bist Du schon todmüde auf die Welt gekommen. Wir müssen unsere Worte wörtlich nehmen. Es gibt keine Zufälle. Kannst Du diese Brücke auch so sehen?

G: Ja, das ist mir jetzt klar geworden. Ich muss immer auf der Hut sein. Wenn ich einschlafe, kann's passieren. Auch heute in meinem realen Leben. Ich bin immer auf dem Sprung. Mit meinem Vater habe ich zeitlebens die größten Probleme und wir arbeiten zu allem Übel noch täglich zusammen. Ich erkenne jetzt dieses Muster. Ich bin zwar sehr traurig, aber jetzt habe ich auch Hoffnung in mir, dass ich es schaffe. Danke, Danke, Danke.

Ein Letztes: G. arbeitete danach zielorientiert an ihrem Bewusstseinsprozess und krempelte ihr ganzes Leben um. Sie kam aus dem Rollator heraus, später aus den Krücken und brauchte nicht mehr die ständige Hilfe ihres Mannes auf Reisen. Dann verlor sich für mich ihre Spur.

Seelenschreiben® heißt:
konkrete Szene, immer im **Präsens** und in **direkter Rede.**

Auf diese Weise bleibe ich in meiner Intuition und immer im Jetzt. Jetzt kann ich lieben, jetzt kann geheilt werden. Wir kennen das von anderer Seite:

Wenn es gelingt, den chronischen Schmerz in einen akuten zu wandeln, kann er geheilt werden. Diese Erfahrung gilt nicht nur für TCM und Homöopathie sondern auch für das geistiges Heilen und die Geistige Selbstheilung (medizin-frei).

Seelenschreiben® hat sich sowohl schriftlich als auch 1:1 telefonisch und in Seminaren zwischen Begleiter und Klient/Patient bewährt.

Um-schreiben in Alpha - Das *Seelenschreiben*®

Das mit der Kuby-Methode in die Welt gekommene *Seelen-schreiben*® baut auf Fakten auf, die der Hirnforschung vertraut sind und den Schamanen schon lang. Uns interessieren hauptsächlich drei Hirnfrequenzen, die

im Beta-Wellen-Bereich: 14 – 30 Hz   **Wachphase**
Hier arbeiten wir im Tagesbewusstsein hauptsächlich mit der Ratio, der linken Hirnhälfte.

im Theta-Wellen-Bereich: 4 - 7 Hz   **Traumphase**
Je tiefer wir über Alpha in diese Traumphase sinken, umso weniger erinnern wir uns noch an unsere Träume.

im Alpha-Wellen-Bereich: 7 – 14 Hz   **Alpha-Zustand**
In diesem Zustand sind wir täglich auf dem Weg in den Schlaf oder wieder heraus. **Das ist der Frequenzbereich, der bei 14 Hz allmählich in die rechte Hirnhälfte wechselt und damit unserer Intuition und Kreativität Raum gibt.** Beim Aufwachen kommen wir wieder von 7 Hz über Alpha zurück ins Tagesbewusstsein; und wenn wir zusätzlich ein Mittagsschläfchen halten, durchlaufen wir vier Mal täglich den Alphazustand.

Nebenbei: In ‚Alpha‘ erhielt ich auch zwei Aufforderungen von der Geistigen Welt, mein Herz in die Hand zu nehmen und dieses Buch in Liebe zu schreiben.

Nur in dieser Phase ist das Unterbewusstsein ansprechbar für Suggestionen, Meditationen, Affirmationen und andere Mentaltechniken, so auch das *Seelenschreiben*®. Das fängt unbemerkt mit

Schläfrig-werden an, lässt uns entspannen, glücklicher werden, einschlafen und endet im Tiefschlaf.

Der größte Vorteil für die Heilarbeit ist, dass in Alpha **der Verstand Sendepause hat, wir jetzt vollen Zugriff auf unsere Intuition haben und Seelenarbeit ungestört möglich ist,** wenn wir gelernt haben nicht (wieder) einzuschlafen. Erlernbare Atemübungen bringen uns schnell in den Alpha-Zustand und damit an unsere Ressourcen. Es ist immer wieder verblüffend, welche Texte dabei zu Tage gefördert werden, welche Dramen aus unserem Leben und früheren Inkarnationen auf dem Papier stehen und welche Lösungen und Heilungen sich daraus ergeben.

Diese Seelenarbeit wird in mh-Seminaren vermittelt, in denen diese Praxis überwiegend nachts geübt wird. Da werden im Hotelzimmer Dialoge mit den schon gestorbenen Eltern, den Kindern, den Partnern schriftlich geführt und unser Inneres umgewälzt. Da stehen morgens dann die Lösungen aus festgefahrenen familiären Situationen auf dem Papier und unerwartet kann ein Sportlehrer wieder seine Beine heben und hüpfen. Da öffnen sich Schleusen, hinter denen sich das Seelenwasser gestaut hatte, da glätten sich Gesichtszüge, wo vorher große Hoffnungslosigkeit aus den Augen schaute.

In der ersten Nacht wird das Schmerzbild erarbeitet und bis zum schlimmsten Punkt getrieben. Mit ihm wachsen die Erkenntnis und der Glaube, dass uns als Geistigen Wesen alles möglich ist, dass wir der Lösung unserer Sorgen und Nöte näher gekommen sind und alles vor die Gruppe tragen können, damit wir mit neuem Mut in der zweiten Nacht möglichst schon ins Heilbild kommen.

Das geht manchmal Ruckzuck, bei anderen Teilnehmern dauert es länger. Jeder hat seine Zeit und jeder braucht seine Zeit.

Wichtig ist nur, dass der Heilungssuchende dieses Werkzeug *Seelenschreiben®* nicht mehr aus der Hand legt. Die Seele, die personifizierte Intuition, wird es dankbar registrieren. Außerhalb der Seminare wird diese Selbstheilung-Methode in telefonischen 1:1 - Gesprächen mit professionellen Begleitern seit Jahren erfolgreich angewendet.

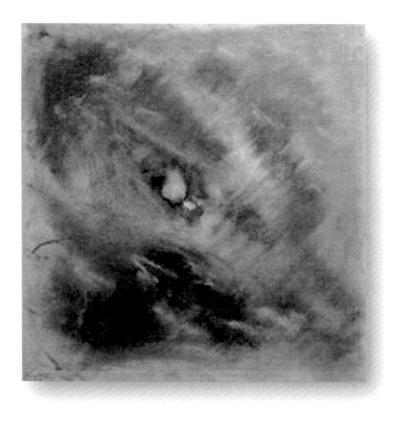

Gegen den Strom schwimmen - zur Quelle - zum reinen Wasser

Immer wieder kommt es vor, dass kranke Menschen am Beginn ihrer neuen Eigenverantwortung und noch bevor sie erste Erfolge in ihrem Wandel feststellen können, völlig verzagt die Hände in den Schoß legen möchten und wie gewohnt, massiv Hilfe von außen erwarten. Aus dem über Jahrzehnte verinnerlichten Glaubenssatz heraus „Das schaffe ich doch nicht!" schimpfen sie wie üblich lieber auf die durch Radio, TV und Presse veröffentlichten Nachrichten und lassen sich täglich, stündlich, minütlich berieseln mit News, Katastrophenmeldungen, seichten Shows und Extremismus in Gedanken, Worten und Taten; mit Mord und Totschlag. So kommen sie morgens kaum aus ihren Betten und abends finden sie schlecht in erholsamen Schlaf.

Da sie nicht willens oder in der Lage sind, in ihrem Innern aufzuräumen, zu lernen und dabei eine andere Sichtweise zuzulassen, leiden sie lieber im Außen, an der Welt; bestenfalls schämen sie sich noch fremd. Auf die Idee, einmal Radio und Fernseher auszulassen und bewusst ‚die böse Welt' zu ignorieren und zu schauen, ob und was sie selbst durch diesen Konsumzwang mit den Umständen draußen zu tun haben, kommen sie nicht.

Das hat nichts mit ‚erwachsen sein' und nichts mit ‚mündig' zu tun. Wohl aber hat es etwas mit der Weigerung zu tun, selbst zur Lösung dieser Probleme einen eigenen Beitrag zu leisten und JETZT damit anzufangen; denn nur jeder selbst kann etwas ändern, in dem er zunächst Verantwortung für sein Leben, seine Gesundheit, sein Heil übernimmt. Wenn das jeder, der an der Welt leidet, täte, sähe die Welt anders aus.

Wie fangen wir an? Jetzt beschließen wir, die schauerliche Spirale der Gewalt und der Rücksichtslosigkeit nicht mehr in uns hereinzulassen. Wir legen fest und halten uns auch daran, dass wir **nur noch einmal am Tag** Nachrichten hören. Damit stellen wir uns gegen alle und jeden in unserem Bekannten- und Freundeskreis, ja der Familie.

Wir weigern uns, weiter zu leiden - stellvertretend für die Welt da draußen; denn wir haben entdeckt, dass wir nach unserer jahrzehntelangen Krankheitskarriere auf dem gewohnten Weg keine Gesundung, gar Heilung erwarten dürfen. Unser Weg führt über die Geistige Welt, über einen Paradigmenwechsel, somit über einen Austausch unserer Denkmuster.

Doch wir sind weiterhin nicht allein in der Welt und stehen mit dieser Ansicht und Meinung nicht nur gegen den sog. Mainstream, wir werden auch, wenn wir nicht achtsam sind, mitgerissen. Doch wir wollen zur Quelle, zum reinen Wasser; und das geht nur ‚gegen den Strom'. Doch da beginnt die Arbeit erst richtig, kostet Kraft, Energie, Ausdauer, Schweiß und Tränen, so dass mancher Kranke geneigt ist aufzugeben und wie bisher Hilfe von außen zu erhoffen. Die ist auch vorhanden, doch in anderer Form als gewohnt, kostet sogar keine Beiträge, erfordert nur neben unserer Überzeugung ein anderes Glaubenskonzept - und TUN.

Wir haben ein klares Ziel vor Augen - die Quelle unserer Gesundheit -, können uns aus der geistigen Welt jedwede Hilfe durch Bitten holen und unsere Affirmationen unterstützen und halten uns ,auf Kurs'; denn JETZT ist TUN angesagt. Und jeder ,Schwimmstoß' gegen den Strom bringt uns unserem Ziel näher. Überall, wo es eine Strömung gibt, gibt es auch eine Gegenströmung. Die kanadischen Lachse zeigen es uns, indem sie in diesen Gegenströmungen am Flussrand ausruhen und neue Kraft für ihre gewaltigen Sprünge flussaufwärts sammeln, um in ihre Laichgebiete zu kommen und bestimmungsgemäß das Leben weiter zu tragen.

Halten wir uns vor Augen: Es geht um unser Leben, um unsere Gesundheit, um unsere Heilung. Wer könnte die besser in die Hand nehmen als wir selbst, um dann, zunächst mit Hilfe der Geistigen Welt, die Kraft und Macht zu spüren, die wir in uns haben und die uns dann keiner mehr nehmen kann. Auf zur Quelle, zum reinen Wasser, zum unerschöpflichen Reservoir der Liebe: „*Bittet, so wird Euch gegeben*", sagt Jesus bei Matthäus 7,7. Lassen wir uns drauf ein!

12 Wochen zu früh geboren

Die Hufftington Post (10.9.2015) berichtete von den 20-jährigen amerikanischen Zwillingen Kyrie und Brielle, die 1994 zwölf Wochen zu früh geboren und anfangs in getrennten Brutkästen aufgepäppelt wurden. Sie titelte:

‚Als man Kyrie neben seine sterbende Schwester legte, geschah ein großes Wunder:
Während sich Kyrie gut entwickelte und Gewicht zunahm, litt Brielle unter Atemproblemen. Medizinische Mittel wirkten nicht; bis eine Säuglingsschwester auf die Idee kam, sie in einen gemeinsamen Brutkasten zu legen. Als Kyrie den Arm um seine Schwester legte, verbesserte sich Brielle's Zustand auf wundersame Weise.'

Im Kapitel *‚Seelenschreiben® muss gelernt sein'* kämpfte G. im Leib ihrer Mama um ihr Leben. Hier haben wir es ebenfalls mit Liebesentzug auf dramatische Weise zu tun: Das Zwillingspärchen wird in einer Not-OP per Kaiserschnitt ‚geboren', völlig unvorbereitet. Konfrontiert mit der Angst der Mutter und der anwesenden Familie, geht es um Leben und Tod, sie werden aus der intrauterinen Geborgenheit in Licht und Kälte gerissen, hören unbekannte Stimmen und Geräusche, müssen jetzt atmen lernen - und die Mutter ist weg. Zusätzlich werden sie voneinander getrennt.

Das ist ein Riesenschock für die kleinen schutzlosen Wesen. Damals kannte man in Krankenhäusern noch nicht die wohltuende, natürliche Wirkung von zärtlicher Berührung als Therapie, und wenn nicht eine gute Seele in ihrer Empathie diesen rettenden Einfall gehabt hätte, wäre Brielle wieder *gegangen* oder hätte ein

Leben lang geschwächelt, falls der ärztlichen Kunst doch noch eine rettende Maßnahme geglückt wäre. *(s. Quellenverzeichnis)*

So ist es noch einmal gutgegangen und wir lernen daraus, dass Mütter nicht früh genug sich um das in ihnen wachsende Wesen kümmern können, in dem sie es streicheln, mit ihm reden, ihm vorsingen und es mit der übrigen Familie bekannt machen, vor allem jeglichen Stress von ihm fernhalten.

Eigentlich ist es das Natürlichste der Welt und manche Leserin schüttelt vielleicht den Kopf über das Thema, weil sie in ihrer liebevollen Erwartung, gewissermaßen als ‚Muttertier' ohnehin nur das Beste für ihr kommendes Kind vorbereitet hat und es schon willkommen heißt.

Und warum sind dann die Praxen so voll mit gestörten Seelen, unerwünschten Kindern, geduldeten Kuckuckskindern, seelisch ramponierten Menschen, Opfern von erfolglosen Abtreibungsversuchen, die oft genug die Auslöser für ihre Unruhe, Gefühlskälte, Partnerschaftsprobleme, Panikattacken und Todesängste in der geführten Rückschau endlich im Mutterleib finden? Doch die gute Botschaft ist:

Auch wenn der Weg bis zu dieser Erkenntnis anscheinend unausweichlich und schmerzvoll war; jetzt können die Schmerzen aufgelöst und geheilt werden. Die Patienten/Klienten kommen zur Ruhe und bekommen eine neue Perspektive für ihr Leben.

Haben wir uns die Welt wirklich so gedacht?

Auch wenn wir wissen, dass die Funktion unseres Gehirns keine andere ist, als uns unsere Wirklichkeit aus unserem Fundus heraus permanent zu kreieren, sind doch Zwei-fel angebracht, ob wir uns die Welt um uns herum so vorgestellt haben.

Die Welt ist voller Wunderer, die sich immer mehr wundern, dass die Welt verroht. Jeder neue Tatortkommissar muss noch brutaler vorgehen. 20 Krimis im Abendprogramm sind nicht genug; da kommt die TV-Werbung für die Kino-Blockbuster gerade recht. Die Tageszeitung und die mickrigste Stadt brauchen einen Krimiautor oder Stadtschreiber - oft genug ist es eine Frau -, der/die für virtuelles Morden hofiert und bezahlt wird. Mir bekannte Ehepaare schauen seit 45 Jahren am Sonntagabend ‚Krimi' und sind ungnädig, wenn man sie als Freund fünf Minuten vorher anruft. Und jetzt berichte ich von einer erlebten Spitzen-Geschmacklosigkeit:

Die mir bestens vertraute Stadt Flensburg, deren kulturelles Programm mir am Herzen liegt und das ich zeitweise kreativ mitgestaltete, hatte vor wenigen Jahren eine Stadtschreiberin, die in der Zeitung mit einem beschrifteten dunklen Pullover abgebildet war, auf dem werbewirksam geschrieben stand: „MORD ist mein Beruf". Sie outete sich damit als Berufskillerin. Auf meine Intervention bei der Zeitung unterblieb dann diese ‚künstlerische Freiheit', seitens der Dame nicht ohne Schmähung meiner Toleranz. Ich hatte ihr via Leserbrief auch versprochen, ihr den Pullover über den Kopf zu ziehen, würde sie mir in diesem Aufzug begegnen. Gemach! Ich komme noch zur Kapitelüberschrift.

Bürger leisten sich eine Polizei, der sie blind vertrauen und die ihnen nicht nur die Nachtruhe garantiert; die sie beschützt und ihnen hilfsbereit an allen Ecken und Enden zur Seite steht. Kommunen und Medien unterlassen nichts, das Image der oft arg geschmähten und oft genug überbelasteten Gesetzeshüter aufzupolieren und zu festigen. Das ist nicht immer nach jedermanns Geschmack, aber die Polizei ist als Exekutivorgan ein wichtiger Teil unseres Rechtsstaates und auf unsere Loyalität darf sie bauen, wie wir auf ihre.

Mittlerweile ist aber unser Alltag ohne Not so kriminalisiert, dass es schon an Wunder grenzt, wie der Staat seine Nachwuchspolizisten noch rekrutieren kann. Neben der zunehmenden Radikalität im Alltag, nimmt die Verrohung in den Medien erschreckende Züge von Gottlosigkeit an.

Am 24.11.15 (Abschiedsausgabe Helmut Schmidt) werden im Flensburger Tageblatt in der linken Rubrik direkt unter einander „Messer-Überfall auf Tankstelle" und „Rückkehr zum Tatort" - mit zwei bekannten Schauspielern mit Pistolenfoto angezeigt (Vielleicht lernt der Räuber ja noch und nimmt beim nächsten Raubzug eine Pistole).
Kinder können nicht mit Sicherheit unterscheiden, was Realität oder Fake ist, wenn abends Mord, Vergewaltigung und / oder Totschlag Aufmerksamkeit-heischend durch die Wohnung flimmern. Und zu allem Überfluss werden Krimischreiber animiert, noch mehr Morde zu produzieren.

Leisten wir uns Massentierhaltung mit den dazugehörigen Schlachthöfen, in den die Tiere in Angst umgebracht werden, essen wir auch die Angst mit, die im Tier steckt. Denken wir Krimi, sind wir letztlich im Krimi, erleben und erleiden wir Krimi von morgens bis abends. Was treibt uns dazu, diese Angst in uns aufzusaugen, uns dem Horror in den Nachrichten, in Filmen, Videos und in Sensationsaufmachern der Presse zu ergeben?

Passiert im Leben des Einzelnen wirklich so wenig, dass er sich lüstern Sensationen bei anderen borgen muss? Auch hier gilt, ob real oder virtuell: Damit sind die Koordinaten der Handlung, wie Physiker und Hirnforscher sagen, im Universum „verschmiert", auch die Krimihandlungen.

Vor rund 130 Jahren schrieb Prentice Mulford in seinem ‚*Unfug des Lebens und des Sterbens'*:

„...und erledigte meine zweistündige Arbeit in einer Zeitungsredaktion. Sie bestand in der Aufzählung jener ewig gleichförmigen Ereignisse, als da sind: Morde, Einbrüche, Explosionen, Selbstmorde (Revolver, Rasiermesser, Strick, Gift), Bank- und Taschendiebstähle, Feuersbrünste, platzende Kessel, stürzende Lifte, Unfälle (Gas, Petroleum, Benzin – Hitze, Kälte – Berge, Meere), Konkurse und was eben sonst in zivilisierten Gesellschaften jahraus, jahrein auf immer dieselbe Weise geschieht, mit dem einzigen Unterschied, dass Schuft und Opfer immer wieder anders hießen - manchmal nicht einmal das. Ich staune, wie es die Menschen interessieren mag, so einen monotonen und grausigen Katalog des Schreckens zu lesen, wie ich ihn täglich auftischte.

Ob sie wohl so durch alle Ewigkeit zu den Frühstücken aller Tage weiterlesen werden?"

Damals war es nur zum Frühstück, heute werden wir rund um die Uhr kriminalisiert, auch wenn Einzelne abschalten. Die Masse bleibt dran. Haben wir uns unsere Welt wirklich so vorgestellt?

Im Medienzeitalter ist die Welt kleiner geworden, doch die Probleme riesiger, die Maßstäbe haben sich gewaltig verschoben, die Kulturkriege - und die im Namen der Religion - finden auf unterstem Niveau und in unseren Wohnungen statt. Wir haben ein vom Grundgesetz garantiertes Recht auf Schutz der eigenen Wohnung und lassen jeden Mörder und Tagedieb, jeden Marktschreier und Angstmacher ohne anzuklopfen herein. Was denken wir? Wie soll das enden?

Opfer und Täter sind auf geheimnisvolle, ja schicksalhafte Weise miteinander verbunden, bewegen sich gewissermaßen auf einer kriminellen Achse. Wenn die Wirklichkeit das Ergebnis unserer Gedanken ist, wann werden wir sie ändern, wann zu einer anderen Vorstellung finden? **Wann werden wir Liebe in unseren Alltag herein lassen, wann vom Problem zur Lösung werden?**

Wie sagte Laotse vor ca. 2500 Jahren zu den Herrschenden?
Wenn Du den Staat befrieden willst, musst Du das Land befrieden.
Willst Du das Land befrieden, musst Du die Städte befrieden.
Willst Du die Städte befrieden, musst Du die Dörfer befrieden.
Willst Du die Dörfer befrieden, musst Du die Familien befrieden.
Willst Du die Familien befrieden, musst Du Dich befrieden.

Es fängt immer im Kopf eines jeden Einzelnen an und da nur - nur da - kann es geändert werden. Da ist jeder von uns in seinem Kosmos aufgefordert, sich in seiner Göttlichkeit neu zu erschaffen.

Ein Schubkarren voll Gram *
über 130 Jahre alt und hochmodern

„Es war ein Regentag. Sehr nass. Sehr schwarz. Bockiges, durchsaugtes Elend. Ein bestialischer Himmel. Ich wurde ganz zerstimmt, stöberte gewisse alte Leiden aus der warmen Asche der Mitvergangenheit, - borgte ein paar neue Sorgen aus der Zukunft und stellte alles unter das mächtige und vorzüglich konstruierte Mikroskop einer morbiden Fantasie, das eine Vergrößerung des Jammers bis zum Zehntausendfachen ergibt und bei entsprechender Umstellung eine ebensolche Verkleinerung aller Freuden. Ein Instrument allerersten Ranges. - Ich sagte der Welt ins Gesicht, dass nicht der letzte Hund in ihr leben möchte, dass sie ein Abscheu und überhaupt ein Luder sei. Dass ich ein letztes Gericht, trotz der daran haftenden schmierigen Unsterblichkeit, lediglich wünsche, um einmal der zuständigen Behörde ein paar kräftige Worte sagen zu können.

In etwas weniger als einer Stunde hatte ich einen weiten und geräumigen Hades mir eingerichtet - die Wände bis oben ein Mosaik aus Scherben aller menschlichen Hoffnungen, das Glück im Kehrichteimer, die Liebe eine rußende Stalllaterne in einem düsteren Winkel.

Endlich ward das alles so grauenhaft, dass mir beifiel . . . *Jetzt sei es eigentlich grauenhaft genug.* Es war jedenfalls mehr, als ich ertragen konnte.

Ich sprach in meinem lieben Herzen: „Ich bin zufrieden." *Alles, was da zu holen war, habe ich geholt! Alle Tiefen dieses Grams ausgenossen. - Warum jetzt überhaupt noch das ganze Düster? Gestern* schien die Sonne recht gut. Dieselbe Sonne scheint doch auch heute irgendwo. Die bestialischen Regenwolken sogar sind auf der anderen Seite von ihr beglänzt. Auch ich habe heute das gleiche Bewusstsein wie gestern. - Bin ich ein Heliometer oder ein Hygrometer, das etwas Licht, etwas Feuchtigkeit der Luft meine Stellung total verändern?

Gewiss, Tod und Schmutz der Landschaft dringen auch in den Menschen . . . Niemand geht in einen dunklen Keller, um sich einen fröhlichen Tag zu machen.

Aber es gibt doch Wesen, die solchem Druck von außen widerstehen, und sie sind der Natur sogar näher! Der Vogel dort sinkt ganz vergnügt im Regen. Wie macht er es, in Laune zu bleiben?

Unter den Leuten in mir ist einer, der zuweilen rät und mancherlei vorschlägt - er ist kein besonderer Liebling! Es fehlt ihm vor allem an Takt. Es liegt etwas Zudringliches in der Art, wie er stets auftaucht, wenn ich gerade etwas anderes vorhabe, von dem er nichts zu wissen braucht: „Wenn Sie mir gestatten wollten, einen Vorschlag zu machen", sagte er. "Ich will mit meinem Rat um Gott nicht lästig fallen. Ich weiß, es ist unangenehm. Ich kann's selber nicht ausstehen. Das hat so eine predigthafte Ich-bin-besser-als-Du-Art an sich und ist überhaupt schwer hinunter zu schlucken. Außerdem gibt's schon so viel davon. Jeder scheint ein Probepaket in der Tasche zu tragen - nicht für sich - für die anderen. Und doch möchte ich mir gestatten, eine Bemerkung zu machen, und hören Sie auf mich, wie Sie etwa auf den Gesang jenes Vogels hören.

Sie wissen, was sie wollen. Das ist schon sehr viel. Das ist sogar ausgezeichnet. Ein direkter Gewinn. Sie wollen ihre Gedanken aus der düsteren Furche kriegen, in der sie jetzt laufen. In Ihrem Fall ist es ein seltenes Glück, dass sie das überhaupt wollen können. Die meisten Leute sind viel zu genusssüchtig dazu und gestatten ihrem Geist, immer den gleichen düsteren Weg auf und ab zu wandeln – Peripathetiker der Betrübnis und ihrer Orgien. Denn wie eine greise Leopardin ihr letztes Junge hütet der Mensch seine Kränkungen gegen jeden, der sie ihm abzunehmen droht.

Die Welt ist so voll ungesühnter Schuld, weil den Leuten erlittenes Unrecht um keinen Preis mehr feil ist. Wer aber hat, dem wird noch dazugegeben, sagt schon die Schrift. Gleiches zieht geheimnisvoll das Gleiche an, darum hüte sich der Gourmet des Leidens - seine Passion ist die ruinöseste, die es gibt. Sie aber wollen Ihre Stimmung aus dem Düster ziehen, auf dass eine helle Zukunft Raum finde.

So fahren sie jenen Schubkarren zu dem Holzplatz: Fahren Sie ihn so aufmerksam Sie nur können. Machen Sie eine Sport daraus - füglich die ernsteste Sache der Welt; fahren Sie ihn durch das Stoppelfeld zum Holzplatz mit dem geringstmöglichen Aufwand an Arbeit, mit Intelligenz und List, alle Löcher, Steine und Pfützen in der Furche zu vermeiden; werfen Sie ihr ganzes Bewusstsein in den Schubkarren! Beim Holzplatz angelangt, schichten Sie die Scheite vorsichtig und intelligent bis zur größtmöglichen Höhe und doch so klug im Gefüge, dass keines ins Rutschen kommen kann. Dann schieben Sie ihn wieder durch den Acker nach Hause, mit gleicher Aufmerksamkeit. Wenn Sie das Holz ins Haus tragen, so werfen Sie es nicht beim Herde nieder, als schleuderten Sie eine Schlange von sich ab! Schichten Sie einen respektierlichen netten, würdigen Haufen, und *dann sehen Sie einmal nach, ob Sie nicht eine große Portion an innerem Horror zugleich mit diesem Holz abgeladen haben.*"

‚Das hat etwas von dem Rezept der sieben Bäder im Jordan, wie sie dem biblischen General für sein Leiden verschrieben wurden‘, dachte ich bei mir; ‚aber da diese halfen, - warum sollte ich es nicht mit der Schubkarrenkur versuchen.‘

Es wurde die schwerste Tat meines Lebens! – Ich schob den Karren eine kurze Strecke wie im Spiel, so ernst konzentriert, trieb die größte Menge an ‚go‘ aus dem Vehikel, es gab sein Bestes - ein Rasseschubkarren -, vermied Rillen Steine und größere Löcher, ging im Terrain wie ein irisches Vollblut. - Mir wurde gleich um vieles leichter. Mir schien, der Karen schöbe mich aus dem Hades. Aber von ungefähr, ganz unbewusst, ließ die neue Spannung nach - die Wachsamkeit ob meinem Werk. Wir liefen wieder in zwei getrennten Furchen - der Schubkarren und ich - er in der seinen, meine Gedanken wieder in der alten, steinigen, pfützigen Rinne von Bedauern und Furcht.

‚Die holden Tage, die nie wiederkehren würden.‘ Und ‚wozu das alles.‘ Wie die Abwesenden nie wieder kommen oder noch ärger: verändert wieder kommen. Die ganze Sinnlosigkeit. Die fliehenden Jahre, das Altwerden, die „Oh je's" und die „Ach ja's, so ist das Leben", mit denen immer irgendeine ranzige Erzählung zum Schluss den Schwanz einkneift.-

„Da haben Sie's", sagte der Mentor, - schon wieder in der Rille; aber das macht nichts - es ist eine Gewohnheit, lieb und alt. Die

Türen schwingen so leicht auf in den Hades, sind immer frisch ge-
ölt zum Gebrauch. Die Türen ins Frohe dagegen sind verrostet.
Viel Arbeit in Sicht! Versuchen und fehlen und fehlen und versuchen und fehlen - fehlen - wieder versuchen - und wieder und
wieder - eine lange Zeit. - Es gibt keinen anderen Weg. *Sichere
Heilung zum Schluss – aber viel Zeit, um die Heilung dauernd zu
machen. Es ist ein Stück vom ‚Auswirken des Heils‘. Hat man es erst
zuwege gebracht, die Gedanken auf eine frei gewählte Sache, sagen wir, zehn bis fünfzehn Minuten zu richten - dann bleiben sie
von selbst dort - bis man sie abruft.*

Wieder ging ich zu Werk - schob etwa ein Dutzend Schritte weit
- dann kam meine *Lieblingskränkung* dem Schubkarren in den
Weg. Die hab' ich so gern - da ließ sich das Schieben - Schieben
sein. Sie sagte (und sie hat ja so recht): ‚wenn Soundso nur nicht
das und das gesagt hätte. Ich weiß, ich war ja teilweise im Unrecht
(Ich bin ja so gerecht!). Aber nie wäre ich so weit gegangen, zu
sagen - oder zu denken - oder zu tun . . . ,

„Ja, wo sind Sie denn schon wieder", sagte der Berater, „beim
Schubkarren gewiss nicht." Ich trat wieder an. Es ist doch wirklich
eine Schande, sein eigenes Denken nicht zehn Sekunden beherrschen zu können. Die weichlich, wie schwächlich.

"Sie sind schon wieder in einer anderer Furche", mahnte der
Mentor. - „Denken Sie an ihre Arbeit und nicht an ihre Schwä-
chen."

„Ich dachte ja nur eben, wie recht Sie haben."

„Auch *das geht Sie jetzt gar nichts an, ob ich recht habe.* Der
Schubkarren geht Sie an. Bleiben Sie beim Schubkarren. Wirken

Sie durch ihn ihr Heil aus - das Heil in der Stunde - das Heil der Minute."

Ich schob zwölf Schritte weiter. Dann stand meine *Lieblingsfurcht* auf - schwarz wie ein Berggewitter, und ehrfürchtig umdüstert träumte meine Seele: „Alles wird schief gehen - immer geht es schief. Bei meinem Pech. Ich bin in diese falsche Stellung geraten; niemand wird mir glauben! Was soll ich sagen! Was . . ."

„Schubkarren - Schubkarren", erklang es vom Mahner her.

„Zum Henker mit dem Schubkarren", rebellierte ich. *"Ich will doch in Frieden über meine Unannehmlichkeiten nachdenken dürfen, sonst hab' ich doch gar nichts von ihnen.* Und überhaupt. Was für eine skurrile Idee, alle Aufmerksamkeit auf eine so untergeordnete Sache wie diesen zwecklosen Karren zu richten und darüber die großen Angelegenheiten des Lebens vernachlässigen!"

„Heiliger Mumpitz", sprach hinwiederum der Mentor. *"So lassen Sie sich denn sagen, dass die großen Angelegenheiten des Lebens das sind, was Sie die kleinen nennen. ‚Großzügig', dass Pracht- und Glanzwort des Dilettantismus. ‚An die Zukunft denken', eine wohllautende Umschreibung für die Unfähigkeit, ‚in der Gegenwart' zu denken. Jetzt gleich . . . JETZT . . . JETZT . . . JETZT, das ist die einzige Wirklichkeit, die wir kennen - die einzige die wirkt.*

Aus den Maschen des Alltäglichen, Allstündlichen webt sich das Schicksal. Der Kiesel auf der Schiene bringt den Zug zum Entgleisen. Das Bisschen Arsenik, aus Nachlässigkeit in einem Schrank vergessen und statt Backpulver verwendet, tötet die ganze Familie. Die Leiter, die Sie zu bequem waren, ordentlich abzulehnen, bricht Ihnen das Genick. Der Löffel voll Speise, den Sie hinunterschütten wie Korn in eine Mühle, gibt Ihnen die Magenverstimmung, an der dann *die großen Freuden und die großen Unterneh-mungen* scheitern. Ein undeutlich geschriebener Buchstabe, der aus ‚F'ügen ein ‚L'ügen macht, bringt Sie in die ernstesten Konflik-te mit ihrem besten Freund."

So keifte der Mentor weiter, indes ich, wieder vom Schubkarren fortwandernd, mich in eine *zwar nur mögliche, dann aber gewiss sehr peinliche* Unterredung mit einer gewissen Persönlichkeit hin-einträumte:

‚Wenn ich ihn sehen werde - wenn ich zu ihm gehe, soll es in einer milden und geduldigen Stimmung geschehen, in einem ver-söhnlichen Geist, - schon im Vorhinein will ich mich in diesen Ge-mütszustand bringen und ihn festhalten.'

„Sie haben sich nicht im Vorhinein in Gemütszustände zu brin-gen", sagte der Mentor." Sie haben jetzt keine Gedanken und kei-ne Worte vorweg zu nehmen, die Sie in zehn Tagen denken oder sprechen werden . . . Denn so Sie ein lebender Mensch sind und für zwei Cent Temperament haben, werden Sie dann doch ganz etwas anderes denken und sagen: Aber Sie führen das Theater eben lieber jetzt allein auf, wo der Gegner nicht dabei ist, um der Heldenrolle ganz sicher zu sein.

Sie haben aber jetzt den Schubkarren zu führen. Alle Fähigkei-ten daran zu wenden. Lassen Sie die Zukunft für sich selber sor-gen. Haben Sie doch Rücksicht auf ihre bedauernswerten Arme und Beine. Welche Muskelschmerzen für morgen sammeln Sie mit diesen imaginären Gesprächen. Kümmern Sie sich nicht um das, was sein wird, sondern um den Schubkarren."

Aber ich konnte es nicht. Ich versagte. Mehr als zehn Schritte weit kam ich nicht, ohne dass so eine miserable Nebenidee,

Nebenlaune, Nebensorge hereinschlüpfte und das, was ich meinen Geist nenne, aus den Angeln hob. Ich konnte das Spiel nicht gewinnen.

Aber mein Vertrauen in die Heilkraft der Schubkarrenmethode steht bergfest nach wie vor.

Man muss sie nur lange genug fortsetzen."

* Aus Prentice Mulford, Unfug des Lebens und des Sterbens

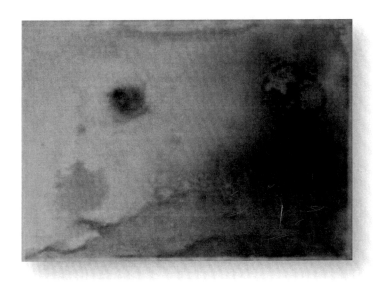

Leiden an der Welt

Fall 1

P. ruft tief deprimiert an und beschwert sich, was ihr jetzt wieder angetan wird: Seit vielen Jahren engagiert sie sich sehr stark im BUND Naturschutz und gegen Atomkraftwerke;

Sie ist 20 km nahe einem solchen Atommeiler aufgewachsen und wohnt immer noch da. Sie war in Gorleben dabei, und hatte sich bei Castortransporten auf die Gleise gesetzt und wegtragen lassen. Außerdem demonstrierte sie gegen Tierversuche und Massentierhaltung. Und jetzt passiert das Schlimmste, was ihr passieren kann: 15 km nach der anderen Seite ihres Wohnortes bauen sie den größten Schlachthof des Landes. Sie ist total aufgelöst, voller Zwei-fel und versteht die Welt nicht mehr. Nun steckt sie mit einem eigenen Haus wie in einer Falle. Links und rechts jeweils einen ‚Katzensprung' entfernt sitzen ihre größten Widersacher.

Sie leidet an der Welt, könnte ja wegziehen, aber das kommt für sie nicht in Frage, da sie nur *unter Wert* verkaufen könnte, wenn überhaupt. Das, was sie am meisten bekämpfte, hat sie eingeholt. Das nennt man Resonanz. Will sie überhaupt lernen oder leidet sie lieber? Sie verhält sich so, als säße sie im Gefängnis.

Fall 2
"Der Mensch wird in Sprüngen das Weltall erobern" schrieb Jesco von Puttkammer am 7.8.99 im Flensburger Tageblatt. Was er da ausbreitete und bewarb - und er steht stellvertretend für viele Weltraumwissenschaftler - zielt in erster Linie auf irdische Steuergelder. Diese Überlegungen existieren nur in den Köpfen dieser Leute und einiger anderer Unverantwortlicher; keiner sonst kann in Wirklichkeit seine Zukunft dort draußen sehen. Ab 2016 ist der Mars das Ziel.

Diese Menschen (und es sind überwiegend Männer) fliehen vor den irdischen Problemen wie frustrierte Ehemänner oder Liebhaber, die zuhause nicht zurechtkommen. Das alles hat Züge von

'Flucht vor irdischer Verantwortung und die-anderen-im-Dreck-zurücklassen' an sich, vorher nur noch deren Gelder (wie im Rosenkrieg) für ihre Zukunftsprojekte lockermachend.

Das ist männlicher Wahn. Keine Frau käme auf eine solche Idee und würde das noch logisch nennen, was Herr von P. so locker dafür hält. Für mich sind Frauen logisch, Männer nur sehr begrenzt. Wenn logisch bedeutet, die ersten Dinge zuerst zu tun, so sind Frauen logisch: Sie kümmern sich um die Familie, die Kinder, die Erziehung, die Liebe, das Leben. - First thing first!

Männer sind da eher unvernünftig bis irrational, d.h. sie tun die zweiten Dinge zuerst, z.B. in den Weltraum fliegen, Gelder verschwenden, Macht demonstrieren, Kriege anzetteln und bis zu 30 Jahre führen; vor allem aber dem Verstand Priorität einräumen und nicht dem Herzen. Damit brachten und bringen sie so unendliches Leid über die Menschheit, sind zutiefst unehrlich zu sich und anderen.

Die Entwicklung der modernen Welt ist ein ständiges Ausweichen nach außen, einschließlich die-Erde-in-die-Luft-jagen. Wir haben in 2000 Jahren Christentum nichts Vorzeigbares auf dem Gebiet des besseren sozialen und kulturellen Umganges miteinander hervorgebracht. Es herrschen weiterhin permanent weit über 100 Konflikte/Kriege. Wir sollten lieber zugeben, dass wir wieder einmal die zweiten Dinge zuerst tun und 'draußen' nicht das Heil zu erwarten ist.

Der Weg nach innen scheint mir angesichts dieser Tatsachen erfolgversprechender. Dort und nur dort hat jeder Einzelne in seinem Mikrokosmos alles, dessen er bedarf. Da sind seine Probleme und auch deren Lösungen. Wir müssen uns nur entscheiden, ob wir Teil des Problems oder der Lösung sein wollen. Mir jedenfalls hat alle Weltraumforschung nichts zu meinem irdischen Glück hinzugefügt und ich tue gut daran, mich auch künftig nicht von diesen Sirenenklängen verführen zu lassen. Auch ich kann mich an Bildern aus dem Orbit erfreuen, aber ich brauche sie nicht und ein Heil für die Menschen im Sinne von Ausheilen jedes Einzelnen kommt von draußen nach allem, was wir dort mit der Weltraumtechnik suchen, nicht. Wenn dort unsere Heimat ist, kommen wir auch wieder auf dem gleichen Wege hin, wie wir hergekommen sind.

Wenn ich mich, wie Herr von P., in einem geschlossenen System bewege, brauche ich für ‚da draußen' nur das Geld vom Steuerzahler und dafür sind so tolle Worte wie *"Kulturpflicht, Inspiration unserer Kinder, Aufziehung* (warum nicht Aufzucht) *der nächsten Generation von Wissenschaftlern, Reisen zum Mond als logischer* (!) *nächster Schritt"* sehr verlockend, aber auch verantwortungslos. Wer will sich dann noch auf der Erde engagieren, wenn die Zukunft im All liegt? Hurra, die Lösung liegt draußen; Familie ade, bleibt mir treu, in 16 Jahren bin ich wieder zurück.

Woher weiß ein Mensch, dass der Weltraum unsere Bestimmung ist? Meine bestimmt nicht; und wie viele wissen überhaupt, dass sie eine Bestimmung haben? Das ganze Weltraumgetue passiert alles nur in den Köpfen dieser männlichen Glücksritter, die nur immer wieder an den Niederlagen der Politiker, ihren Geldforderungen nachzugeben, erstarken. Aus dieser Ecke, samt den Medien, kommt daher auch der Beifall. So lange Kopernikus, Newton,

Galilei oder Einstein die Welt nur in ihren Köpfen bewegte, kostete uns das wenigstens keine Steuergelder, war es deren Privatvergnügen. Kein Mensch kann schließlich 24 Stunden Liebe machen.

Das sollen diese Leute erst einmal ihren Frauen klarmachen, oder meiner. Die würden logischerweise (!) kein Geld für diese teuren Spielzeuge fordern, gar bereitstellen; denn Frauen kümmern sich in ihrer grenzenlosen Logik lieber um die Liebe und das, was diese bewegen kann, auch wenn Männer, selbstvergessen wie sie sind, das in ‚ihrer Logik' nicht verstehen. In geschlossenen Systemen klingt - wie bei Herrn Marx - alles wunder- und verheißungsvoll. Der Murks ist nur ganz unten. Danach baut sich alles ‚logisch' auf. Und noch etwas umfasst die Logik der Frau: Sie würde alles für die Liebe JETZT tun, aber das halten Männer normalerweise nicht aus, weil JETZT permanent ist. Da spielen sie lieber in anderen Höfen oder sind schon wieder 'auf Sprüngen ins All'.

Am ‚Treffpunkt der einsamen Herzen' stehen sie alle rum, die An-der-Welt-leider, umarmen sich, klopfen sich auf die Schultern, leiden gemeinsam, zerfließen in Selbstmitleid. Aber sie haben keine Spur von Ahnung, dass sie die Leiden der Welt magisch anziehen, dass der Keim dazu schon lang in ihnen angelegt ist und sie selbst aufgefordert sind, sich davon zu befreien. Das Objekt ihres Leidens ist austauschbar, hat aber Indikatorfunktion. Wann fing mein Leiden an? Wer waren die Protagonisten in der Szene?

Was verbindet nun unsere beiden Fälle?

Zum einen leiden beide in ihrem Innersten, stecken mitten in einem Konflikt. Die Frau kaschiert es nur schlechter als der Mann, der mit seinen Ideen uns mitreißen will. Sie leidet nach innen, er nach außen. Ihr geht es schlecht, er verdrängt es bis zum Pensionsalter oder bis er im Orbit verglüht, erfriert oder verdorrt, und dafür erwarten sie noch Beifall; und verweigern wir ihn, sind wir blasiert, wie auch schon zu lesen war. (*Kommentar: Was mich am Anderen stört, hat mit mir zu tun.*) Wovon zeugen beide Fälle?

Wenn wir nicht in der Lage sind, bei uns selbst aufzuräumen oder uns verweigern, suchen wir ,die Schuld' bei anderen und projizieren. Der Unterschied liegt nur in der Dimension des Unglücks, das wir auf andere herabbeschwören.

Da tauchen dann so Fragen auf wie: Was kann man gegen die hungernden Kinder in Afrika oder Bangladesh tun?

Nichts kann **man** dagegen tun! Doch in **jeder intelligenten Frage steckt das Wörtchen i c h .** Was kann **ich** dagegen tun? Jetzt übernehme ich Verantwortung und dann wird mir schon einfallen, dass ich mir ein Flugticket kaufen, dort hinfliegen und vor Ort helfen kann.

Beispiele der Geistigen / Intuitiven Heilung

(neben den anderen Beispielen mit Mental Healing®)
aus der Praxis

Beispiel 1

Am 20.3.12 knickte vor meinen Augen der Chef eines Flensburger Unternehmens mit seinem rechten Fuß um und konnte nur noch unter großen Schmerzen hinkend weitergehen.

Ich forderte ihn auf, sich hinzusetzen und seinen Fuß hoch zu legen, was er spontan und ohne Rückfrage tat. Einen Bruch schlossen wir aus.

Ich bat Gott und die Geistige Welt um die Erlaubnis, in seinem Namen meine Hände aufzulegen, was mir bewilligt wurde, und ich bat dann Christus und den Erzengel Raphael, dieses Fußgelenk zu heilen. Ich betete gefühlte 5 Minuten und schloss mit dem Satz: „Dein Wille geschehe!"

Zwischendrin wurden wir kurz von einer Mitarbeiterin gestört, die etwas aus dem Lager, in dem wir uns befanden, holen wollte. Ich ließ mich davon nicht beeinflussen; nur der Patient bat leise um Ruhe, was sie sofort begriff und sich entfernte.

Nach der Fürbitte bedankte ich mich bei der Geistigen Welt und öffnete die Augen. Der Patient nahm das Bein wieder vom Hocker, setzte sehr zögerlich den Fuß auf, ging ein paar Schritte, dann durch den ganzen Raum und fragte: „Was haben Sie denn da gemacht? Ich bin schmerzfrei. Was war denn das jetzt?"

Ich sagte ihm nur noch, er solle jetzt vertrauen, nicht fragen, loslassen und nicht mehr darüber nachdenken; er könne sich heute Abend aber noch bei Gott bedanken.

Feedback nach 14 Tagen: Die Heilung hatte Bestand.

Persönliche Anmerkung: In einer akuten Situation wirkt es konterkarierend, wenn ich den Patienten erst bitten muss, sich in meiner Praxis einen Termin geben zu lassen.

Geistige Intervention wirkt im Übrigen um Längen schneller als biochemische oder physiotherapeutische, nämlich unmittelbar. Der Fuß schwoll nicht einmal an.

Und ob der Patient zuvor an Geistige Heilung geglaubt hat, bezweifle ich. Danach wohl. Jedes Mal, wenn wir uns begegnen, lacht er mich an.

Beispiel 2

Ein Freund rief an. Gefahr war im Verzug: Er hatte unerwartet Bluthochdruck, musste dringend zum Arzt. Einziges Problem war, dass er unter dem ‚Weißkittel-Effekt' litt. Er war regelmäßig umgekippt, wenn er eine Spritze sah, Blutdruck gemessen werden sollte, eine ärztliche Untersuchung anstand. Sein Trick war in seinem ganzen Leben, ohnmächtig zu werden, auch wenn er wegen Überlastung als Topmanager in der Chemo-Industrie zu einer akuten Notfalluntersuchung in die Klinik eingeliefert wurde. Bei Bewusstsein bekam ihn kein Arzt zu fassen. Er hatte nebenbei auch schlichtweg Angst vor den Erkenntnissen und den Folgen einer Diagnose. Tabletten kamen überhaupt nicht in Frage.

So war er 67 Jahre alt geworden und in Rente gegangen. Darauf hatte sich die Familie gefreut. Doch jetzt der Bluthochdruck. In seinem selbstgemachten Stress war die Phobie das nächst liegende Übel.

B (Begleiter): Seit wann bekommst Du schon Angstzustände, wenn der Arzt mit der Spritze kommt?
R: Seit ich als Kind beim Zahnarzt eine Spritze haben sollte. Er musste bohren.

B: Wie alt warst Du?

R: Vier Jahre. Die mussten mich festhalten und ich habe mich mit Händen und Füßen gewehrt. Sie haben es nicht geschafft und ich bin ‚umgekippt'.

B: zum ersten Mal?

R: Ja.

B: Was war da vorher passiert? Warum bist Du umgekippt?

R: Ich weiß es nicht. Ich hatte nur Zahnschmerzen?

B: Hattest Du schon einmal schlechte Erfahrungen mit einem Arzt vorher?

R: (Er überlegt lange) Nein. Ich kann mich nicht erinnern. (Ganz entschieden) Nein!

B: Ein Erwachsener, erst recht ein Kind, haben doch nicht per se Angst vor dem freundlichen Arzt, wenn sie noch keine schlechte Erfahrung mit der Spritze hatten. Zumal Du als alter Degenfechter jahrzehntelang mit spitzer Waffe umgegangen bist. (*Führte da schon der Kosmos Regie?*) Nun schließe mal die Augen, atme drei Mal tief ein und langsam laut aus und jetzt: Woher kennst Du den Kontakt mit einer Injektionsnadel? Schau genau hin!

R: (nach einer ganzen Weile) Doch, da war ich aber erst zwei oder drei Jahre alt und zur Rachenmandeloperation im Krankenhaus und meine Eltern durften nicht dabei bleiben. Ich war da ganz allein. (Szenenwechsel)

Es war Donnerstag-Nachmittag. R. musste vor dem Wochenende unbedingt noch einen Mediziner zur Untersuchung konsultieren, da sein Blutdruck ihn sehr unruhig machte und alles andere unverantwortlich gewesen wäre. Ein Blutdruckmessgerät besitze ich ohnehin nicht.

Mit Selbstheilung hatte R. keinerlei Erfahrung und sträubte sich auch dagegen. Er wollte etwas haben und nicht erst in einen Bewusstwerdungsprozess einsteigen. Es wurde Zeit, etwas zu unternehmen. Deswegen hatte er in höchster Not auch bei mir angerufen.

Ich erklärte ihm, dass ich jetzt für ihn beten würde. Er habe eine Phobie. Die Seele des kleinen R. habe damals zu seinem Schutz einen Seelenanteil abgespalten und dieser könne mit dem großen R. nur über das Symptom kommunizieren. Die Geistige Welt könne diesen Teil wieder integrieren. Dazu diene mein Fürbittegebet.

Ich entschied mich also für die Phobie. Würde sie aufgelöst, wäre alles andere Routine. Und so geschah es: Ich bat die Geistige Welt um Hilfe und R. verließ nach 10 Minuten die Sitzung in gläubiger Gewissheit, das Richtige bekommen zu haben und bereit zur ganz normalen Untersuchung.

R: (Tage später) Ich habe am nächsten Tag dem Arzt zugeschaut, wie er mir Blut abnahm, dachte nur „mal sehen, was jetzt passiert" und ließ mir erstmals freiwillig den Blutdruck messen. Nichts passierte. Nach vier Tagen konnte das Medikament schon gewechselt und halbiert werden.

Und so geht R. jetzt seinen ganz normalen Weg, unaufgeregt und frei von seiner Phobie. Damit war zwar die ‚stiftende' Ursache für den Bluthochdruck noch nicht beseitigt, R. war aber klar, dass er sich den Stress immer selbst gemacht hatte und ihn nun im Rentenalter nicht mehr braucht, dass ein Wandel in seinem Verhalten anstand, damit der Druck als Symptom nicht mehr notwendig ist. Er hat den Hinweis seiner Seele noch rechtzeitig verstanden und seinen Gestaltungsspielraum genutzt. Danach kamen noch die Zahnsanierung mit einer Wurzelspitzenresektion und mehreren Injektionen hinzu. Heute staunt er nur noch und strahlt kopfschüttelnd, wenn er über seine früheren Ängste vor der Auflösung des Traumas spricht.

Was geschah in beiden Fällen? War da Materie im Spiel? Nein, keine wie immer gearteten Vehikel. Weder Chemie, keine OP, noch Strom? Nein. Hier wirkte nur Geist und Liebe.

Beispiele für Geistiges Heilen und Selbstheilen

(hier meine Erfahrungen mit dreien davon)

Zur generellen Klarstellung zeige ich drei Unterschiede auf; dabei kümmern sich A und B um die Lehre, die ein Symptom erteilt:

A) *Mental Healing*® ist eine medizin-freie Selbstheilungsmethode, die auf die Eigenverantwortung des Klienten setzt und einen Bewusstwerdungsprozess anschiebt, der meist in der Ursprungssituation des Traumas (z. B. Kindheit) bearbeitet wird. Es dürfte für den, der sie beherrscht, kaum eine kostengünstigere Methode geben, zumal Sitzungen fast ausschließlich per Telefon stattfinden (*nach Clemens Kuby*).

B) **Geistiges / Intuitives Heilen**

setzt auf die Zusammenarbeit mit der Geistigen Welt, erfordert Kenntnis der Organsprache und der Chakren. Den Klienten werden die Hintergründe bewusst gemacht, damit sie Eigenverantwortung übernehmen können. Gearbeitet wird an den hinter der Krankheit liegenden stiftenden Ursachen, die in der Kommunikation mit der Geistigen Welt in geführter Sitzung oder telefonisch geheilt werden können - medizin-frei (*nach Stephan Dalley*).

C) **orientiert sich an Heilungswünschen der Klienten / Patienten.** *Flowering Tree* ist eine schamanische Heilmethode. Der Klient heilt sich selbst in einer geführten Sitzung, immer in der Ursprungssituation des Traumas und ausschließlich über Metaphern. Er soll keinesfalls re-traumatisiert werden. Das geschieht durch eine ganz spezielle Fragetechnik, die den Verstand bei vollem Bewusstsein quasi ausschaltet - medizin-frei (*nach Nomad Winterhawk*).

Die Verfassung der Paiute-Indianer
Frage Dich bei allem, was Du tust:
Gibt es mir Leben? Gibt es anderen Leben?
Wenn es gemacht ist, erhält es Leben?
Schadet es dem Inneren Kind?

Die Flowering Tree-Methode – ein Weg zur inneren und äußeren Balance

Die Geschichte vom ‚Flowering Tree', dem ‚Blühenden Baum', eine alte nordamerikanisch-indianische Legende bildet die Grundlage für diese effektive, behutsame therapeutische Methode zur Heilung des Verletzten Inneren Kindes.

Es ist eine amerikanisch-indianische Philosophie in praktischer Anwendung, entsprungen aus dem Wissen der nordamerikanischen Indianer über den Menschen in der Natur und der Natur im Menschen.

Ein ‚**Verletztes Inneres Kind**' kann entstehen, wenn wir als Kind ein Trauma erleben: Jedes gewaltsame Erleben, vom Fallen über die Türschwelle bis hin zu wiederholten physischen und psychischen Übergriffen. Dieses traumatische Erleben ist individuell; was für den einen traumatisch ist, braucht es für den anderen noch lange nicht zu sein.

Kurz vor dem Höhepunkt des Trauma (s. Graphik) friert ein Teil der Persönlichkeit - **des Körpers, der Gefühle und der Seele** - zeitlich fest. Diesen ‚festgefrorenen' Teil nennt man *‚Das Verletzte Innere Kind'*, ein psychosomatischer Zustand in uns, der immer dann wieder entsteht, wenn wir uns im späteren Leben ähnlichen Situationen nähern. Die Aufgabe des ‚Verletzten Inneren Kindes' ist es also, eine Wiederholung des Traumas zu verhindern. **Es ist ein Warnmechanismus.**

Die Symptome sind ein Signal des Kindes an den Erwachsenen, dass es existiert und gern gehört werden möchte, und sind ein unfruchtbarer Versuch des *‚Verletzten inneren Kindes',* sich selbst zu befreien. Was es eigentlich sagt: „Machst Du so weiter wie bisher, wirst Du krank. Ich lasse Dein Herz schneller schlagen, lasse Schwindel entstehen oder ich mache Dir Angst!"

Das ‚Verletzte Innere Kind' kann die Ursache für viele verschiedene Symptome sein, von psychosomatischen Beschwerden wie Angst, Alpträume, Phobien, Zwangsneurosen und Gefühle, über die der Erwachsene sehr wenig oder keine Kontrolle hat, bis hin zu Symptomen, die man landläufig nicht als psychosomatisch ansieht, z. B. Asthma, Neurodermitis und Migräne.

Das ‚Verletzte Innere Kind' lebt in unserem Unterbewusstsein, in unseren Gefühlen. Es ist daher not-wendig, direkt mit diesem Teil zu sprechen, somit eine Methode zu benutzen, die das Unterbewusstsein trifft. Und das tut diese Therapieform.

‚The Flowering Tree' ist eine Gesprächstherapie, eine besondere Gesprächstechnik, die den Klienten in einen Zustand von Selbstvertiefung, eine Art naturalistischer Trance versetzt, die es ihm ermöglicht, in die Zeit zurückzureisen, in der das Trauma geschah. Sie arbeitet ausschließlich mit Metaphern.

„Das ‚Verletzte Innere Kind' enthält selbst eine Lösung des Problems aus der Vergangenheit. Alle Signale und Gefühle des Körpers bestimmen das Innenleben des ‚Verletzten Inneren Kindes' und bilden ein chaotische Informationsmenge aus vielfältigen Symptomen. Aufgabe des Begleiters ist es, ‚Das Verletzte Innere Kind' durch das Trauma zu führen oder daran vorbei, indem er das Wissen des inneren Kindes benutzt. Die FT-Methode wendet die Sprache des Unterbewusstseins an, die das ‚Verletzte Innere Kind' benutzt und versteht. Da das ‚Verletzte Innere Kind' kurz vor dem Trauma ‚festgefroren' ist und das Trauma selbst nicht erlebt hat, geschieht keine Re-Traumatisierung.

Heilung geschieht dadurch, dass das ‚Verletzte Innere Kind' selbst all' die Elemente, von denen es in der Vergangenheit gejagt wurde, in eine Zeit nach dem Trauma transformiert. Es findet sich dort meist in einer sicheren Umgebung wieder – die Zeit ist vergangen und ‚Das Innere

Kind' ist älter geworden. Es weiß nun, dass es das Trauma überlebt und sich selbst geheilt hat. Als Resultat verschwinden die Symptome, die das Trauma hervorgerufen hatte und die freigesetzte Energie, die zuvor im Kampf mit den Symptomen ‚verpulvert' wurde, kann nun das neue Leben gestalten helfen. Jetzt fühlt sich der Klient erstmals ‚ganz'.

Traumatisierungssituation

am Beispiel eines Treppensturzes (nach der FT-Methode)

Auch Ursachen für Phobien (1. Spritze beim Arzt, Hundebiss, Autounfall, Tote in der Familie, Verkehrsunfall oder sexueller Missbrauch u. a.) lassen sich auf diese Weise analog verstehen.

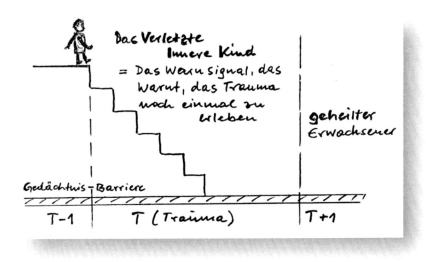

Die vierjährige Katrin steht an der Treppe (bei T -1) und fällt hinunter. Einen Bruchteil, bevor Katrin abstürzt, entsteht *Das Ver-*

letzte Innere Kind', gefriert gewissermaßen ein. Das Trauma nimmt seinen Lauf und der abgespaltete Teil hat das Trauma überhaupt nicht erlebt und nicht bemerkt, dass die Zeit weiter gegangen ist, Katrin überlebt hat, erwachsen wurde. Es kann mit der erwachsenen Katrin nur über das Trauma (T), z. B. die Phobie kommunizieren. Das Trauma besteht weiter.

(*Nach Nomad Winterhawk - Flowering Tree-Methode*)

Neben der wirksamen schamanischen kann eine weitere Heilmethode dazu auch das *Seelenschreiben®* sein: Das Kind wird in die Ursituation hinein geführt und möglicherweise den Moment finden, als die Welt noch in Ordnung war. Von da ab werden Ursachen ins Spiel kommen, warum das Kind überhaupt gefallen ist. Eines ist doch gewiss: **Wenn kleinen Kindern etwas zustößt, sind immer Erwachsene verantwortlich.**

War z. B. die Mutter nicht aufmerksam, muss sie transformiert werden; denn sie muss diese Acht-, gar Lieblosigkeit einsehen und bereuen und dann dem Kind die Geborgenheit und Liebe wieder vermitteln, die künftig die Ängste vor dem erneuten Trauma überflüssig machen. Auch hier heilt die Liebe die Wunden und schafft im Nachhinein eine glückliche Kindheit.

Mir selbst war das passiert, als ich in der Ausbildung nach Anhören einer ganz schlimmen Kriegsgeschichte einer Frau so stark in Resonanz ging, dass ich ,abdrehte' und für 36 Stunden in Absence fiel, nichts mehr um mich herum wahrnahm. Meine Seele ertrug das Gehörte nicht und spaltete einen Teil ab. Anwesende Ausbilder, eine Ärztin und mein späterer Heilerlehrer, betreuten mich darauf hin und vermochten es, ohne meine Mithilfe - ich war ja nicht bei Sinnen - und ohne Medikamente diesen Seelenanteil wieder zu integrieren.

Zwei Anmerkungen und Lehren:

1. Die Seele lässt nur so viel zu, wie der Mensch ertragen kann. In meinem Fall vertraute sie darauf, dass die anwesenden Helfer mich mit Hilfe der Geistigen Welt wieder voll *beseelten, ganz werden* ließen, was nach 36 Stunden der Fall war, so dass ich ohne fremde Hilfe die 1100 km lange Heimreise per Bahn antreten konnte. Wäre Hilfe nicht greifbar gewesen (z. B. bei einem Telefongespräch), hätte meine Seele einfach ,zugemacht' und mich geschützt. Erfahrene Begleiter erkennen diese Situation intuitiv.

2. Dieses Warnschild meiner Seele, meine Schatten endlich zu bearbeiten, durfte ich nicht übersehen. Bei aller Dramatik liebt sie mich, auch bei schlimmsten Hinweisen. So läuft das dann, wenn der Kosmos Regie führt. Darauf darf ich vertrauen.

Runter mit den Scheuklappen – ein Plädoyer

Der Impuls zu diesem Kapitel kam wieder in ,Alpha' während des Erwachens am Sonntagmorgen. Daher nehme ich ihn sehr ernst und komme mit offenen Händen auf die Kolleginnen und Kollegen zu.

Immer mal wieder höre ich von den unterschiedlichsten Ärzten, Therapeuten, Heilpraktikern und alternativen Heilern, sogar von solchen, die selbst- oder geistheilerisch sehr erfolgreich unterwegs

sind, diesen Satz: „Ja, wir können nicht jedem helfen." Das ‚Ja'
vermittelte mir stets den Anschein, als gebe man sich ‚ja' schon
alle Mühe, könne aber dem eigenen Anspruch nicht entsprechen.
Ich vermute, mir zeigte sich nur die Spitze des Eisberges.

Unabhängig davon, dass jeder im Gesundheitswesen, wenn er
nur demütig genug ist, erkennen kann, dass er nur Werkzeug für
Gesundheit und Heilung sein kann und in erster Linie die Geistige
Welt oder der Patient sich selbst heilt, fehlt oft einfach die Bereitschaft, undogmatisch und ohne Futterneid auch noch andere
Heilweisen als mögliche Lösungen rechtzeitig und zeitgleich für
den Patienten zuzulassen, gar zu empfehlen. Im Reparaturbetrieb
Gesundheit gibt es viele systemimmanente Hindernisse und sehr
persönliche Animositäten bis zur Existenzangst und darüber hinaus
politische Strukturen, die Empathie und Verständnis für die ex-
treme Situation des Patienten nicht aufkommen lassen. Doch es
gibt auch die bessere Herangehensweise, die ich kennen lernen
durfte, die ich bewundere und von der ich, eine aufgeweckte und
mündige Patientin vor meinen Augen, hier hautnah berichte:

S. (62. J.) war von Jugend an gesundheitsbewusst und sportlich
unterwegs, rauchte nicht und trank keinen Alkohol, war in Kindheit und als Heranwachsende sehr in Liebe eingebettet und konnte in jungen Jahren sogar in Männerdomänen gutes Geld verdie-
nen und dabei noch viel für Menschen in der 3. Welt tun. Gläubig
aufgewachsen, hatte sie viel Freude an ihrer Arbeit und mit den
Menschen in ihrem Umfeld.

Da war lediglich eine Überempfindlichkeit bei Lärm (platzende
Luftballons, Silvesterböller) und die Erfahrung, dass sie sich da, wo

es körperlich den Schulfreunden und Kollegen leicht fiel, Standards im Sport zu erreichen, sie sich merklich schwerer tat, mitzuhalten, weil ihr schnell die Puste ausging. Außer einer Neurodermitis im Babyalter musste nie etwas behandelt werden und war auch nie mehr ein großes Thema gewesen.

Die Leidensgeschichte:

2014 Schmerzen im Rücken und den Oberarmen; Gehen und Radfahren war nicht mehr schmerzfrei möglich; Schmerzen breiteten sich in die Muskulatur im gesamten Körper aus; der Osteopath verbrachte wahre Wunder und die Schmerzen waren 10 Tage lang verschwunden, kamen aber immer wieder und er empfahl, mit einer Heilpraktikerin parallel zu arbeiten. Kardiologisch gab es nichts auszusetzen.

Die Blutwerte wurden abgeklärt und Mangel bei den Blutwerten mit Nahrungsergänzungsmitteln und Mineralien ausgeglichen. Doch ganz plötzlich stieg der Blutdruck dramatisch an und ließ sich nicht mehr ohne Medikamente absenken.

Eine Ärztin wurde von der Heilpraktikerin hinzugezogen, die sofort eine hämatologische Untersuchung und Leber-Milz-Nieren-Fotos wegen befürchteter Vergrößerungen forderte, die in der Osterurlaubszeit erst nach 14 Tagen zu erlangen waren. Das Rückenmark produzierte derweil ungehemmt rote Blutkörperchen.

Inzwischen wurde S. täglich schwächer, überfielen sie dramatische Migräneanfälle mit Erbrechen, versagte der Kreislauf, kippte sie 3 Mal um und hatte Brennen in beiden Beinen. Darüber hinaus stieg ihr Blutdruck auf über 200. Das allein generierte stärkste

Kopfschmerzen mit gestörtem Magen. Außerdem verfärbte sich die Haut, Wasser wurde nur unter Schmerzen an Beinen und Händen vertragen und jederzeit konnte eine Thrombose oder ein Gehirnschlag sie treffen. Ihre täglichen Hausarbeiten konnte sie nicht mehr ohne Schwindelanfälle verrichten.

Der hinzugezogene Onkologe stellte bei ihr die seltene Krankheit Polycythaemia vera Jak 2, eine Gen-Mutation fest, die Frauen oft in ihren 60er Jahren treffen kann, durch irgendein Ereignis aufbricht und über die kaum ein Arzt etwas weiß. Dabei kommt es zu einem starken Anstieg der Anzahl roter Blutkörperchen, Blutplättchen und weißer Blutkörperchen.

Es handelt sich um eine Krebserkrankung, eine sog. bösartige oder "maligne" Erkrankung dieser Blutzellen. Das heißt, die Zellen haben sich so verändert, dass der Körper ihre Vermehrung nicht mehr kontrollieren kann. Bei der Polycythaemia vera führt eine Veränderung einer Stammzelle dazu, dass die Tochterzellen sich ungehemmt vermehren. So kommt es zur extremen Zellvermehrung im Knochenmark und zur Überproduktion reifer Blutzellen.

Eines der frühesten Symptome ist die Rötung der Gesichtshaut sowie der Arme und Beine durch die erhöhte Anzahl von roten Blutkörperchen in den Blutgefäßen, was oft als gesundes, blühendes Aussehen fehlinterpretiert wird.

Auch über Juckreiz wird häufig geklagt, was in der Jugend wohl als Neurodermitis diagnostiziert wurde.

Im Falle einer ‚Polycythaemia vera' wird in erster Linie eine massiv erhöhte Anzahl roter Blutkörperchen erwartet. Zusätzlich ist auch die Anzahl gewisser weißer Blutkörperchen und oft der Blutplättchen erhöht. Der Sauerstofftransport geht zurück.

Ohne Therapie der Polycythaemia vera kommt es wegen zweier möglicher Komplikationen, Thrombose oder Blutung, innerhalb von Monaten zum Tode. In der Medizin herrscht die Meinung vor, dass durch eine Therapie zwar ein Überleben von zehn bis zwanzig Jahren erreicht werden kann, die Krankheit jedoch unheilbar ist. Bei S. riskierte kein Arzt einen Aderlass in nennenswerten Mengen. Immerhin zeigte sich eine dramatische Thrombozytose.

S. hatte großes Glück. Da sie recht früh auf ihre veränderten Befindlichkeiten reagierte, behielt sie ihren Gestaltungsspielraum bei allgemein guter körperlicher Verfassung; denn jetzt war Chemotherapie angesagt.

Nach allem, was mir meine Ausbildung vermittelte, musste es geistig-seelisch eine ‚stiftende‘ Ursache gegeben haben, warum gerade jetzt diese Krankheit sich meldete und das Fass zum Überlaufen brachte.

Aktuell brach ein Jahr vor der Krebsdiagnose die Erkenntnis in sie ein, dass ihr geliebter Vater sie ohne offensichtlichen Grund als sein einziges Kind nicht mit seinem Erbe bedacht hatte und sie leer ausging.

Es fand sich außerdem in der traumatischen, noch nicht aufgelösten Geburtssituation bei Donner und Wolkenbruch in der Klinik, die ‚absoff‘, ein zweiter Hinweis. Beim tumultartigen Verlegen ihrer gebärenden Mutter aus dem Geburtentrakt starb sie unmittelbar mangels verfügbarem Sauerstoff und nicht erkanntem Herz-fehler. Und S. schrie sich vier Wochen lang heiser nach ihr.

Beide Tatsachen haben mit Liebesentzug (Mutter verließ sie bei der Geburt, der Vater entzog sich auf lieblose Weise) zu tun und Liebe und Blut gehören zusammen. Da bestand also diese alte Phobie, die S. in drei Sitzungen mit der Flowering Tree-Methode auflöste und sich von ihr befreite. Die Seele war endlich gehört worden.

Gerade noch rechtzeitig; denn inzwischen liegen die Werte wieder nahe beim normalen Bereich und endlich ist die zähe Müdigkeit verschwunden, Rötungen in Gesicht und Händen der normalen Hautfarbe gewichen, Kraft und Freude im Alltag zurück-gekehrt. Sie kann wieder frei durchatmen und der gesunde Schlaf tut den Rest. Radfahren und regelmäßiges Gehen machen ihr wie-der Spaß.

S. ist der festen Überzeugung, dass sie ohne das Gesamtpaket nicht mehr leben würde oder mit Gehirnschlag dahinvegetiere. Es gab auch keinen Grund, die eine oder andere Methode vorzuzie-hen oder höher zu bewerten. Es musste unverzüglich gehandelt werden - gleichzeitig an allen Fronten und ohne Rücksicht auf Ani-mositäten. Das war alles not-wendig geworden:

+ Eigeninitiative;

+ Blutuntersuchungen;

+ Ernährungsumstellung;

+ Kardiologische Tests;

+ Chemotherapie – als Thrombozyten-Killer und zur Eindämmung der Produktion roter Blutkörperchen.

+ TCM-Stützung der Filterorgane Leber, Milz, Nieren durch Ausschwemmen der abgestorbenen Zellen und Minimieren der Nebenwirkungen wurde zu einem besonderen stabilisierenden Akt;

+ die Flowering Tree - Arbeit mit dem Verletzten Inneren Kind;

+ tägliche Bewegung in frischer Luft und dadurch vermehrte Sauerstoffaufnahme;

+ und immer wieder die selbstkritische Prüfung und Einordnung der einzelnen Heilungsschritte durch die Patientin - trotz unsicherer Prognose.

+ Nicht zuletzt gehörte auch Gottvertrauen in ganz hohem Maße dazu.

Hätte nur einer von diesen hilfreichen Menschen sich auf den engstirnigen Standpunkt zurückgezogen: „Ja, ich kann nicht jedem helfen", wäre S. in ihrer Angst und Verzweiflung ein Fall zu viel in der Krebsstatistik geworden. Fünf Monate nach der Krebsdiagnose kann sie fast ohne Einschränkung weiterleben.

Allein die Tatsache, dass nicht jeder über alle Möglichkeiten der Gesundung und Heilung Bescheid wissen kann oder sie gelernt hat, gebietet uns, kollegial offen miteinander um- und aufeinander zuzugehen. Daher ist mein Plädoyer auch zugleich ein großes Dankeschön an den Teil des dienenden Berufsstandes, der meine Gedanken begrüßt.

Die Heilungsuchenden brauchen das breite Angebot der klassischen und alternativen Medizin. Darüber hinaus öffnen psychotherapeutische und geist-heilerische Anstöße Türen in die Selbstheilung, in den Bewusstseinswandel und in die Eigenverantwortung.

Oft genug sind es auch große Schritte zur Kostendämpfung im Gesundheitswesen.

Wer (sich) geheilt hat, hat alles richtig gemacht,
(nach Hippokrates: Wer heilt hat Recht)

lässt mich als Praktiker auch heute noch ehrfürchtig staunen, was alles möglich ist. Da müssten doch eigentlich alle Skeptiker - einschließlich der organisierten - verstummen, die quasi einen großen Lottogewinn noch nach der Ursache ihres Gewinnes hinterfragen würden.

Nun habe ich selbst noch niemanden geheilt; das hat immer der Patient selbst getan, meist in Verbindung mit der Geistigen Welt und weil er große Veränderungen in seinem Leben als notwendig (wendet Not) erkannte und bewirkte. Werkzeug durfte ich sein.

Nur, den leidenden Patienten interessiert doch im tiefsten Innern nicht, welche Methode allseits ,anerkannt' ist, es sei denn, sein Glaubenskonzept - die Kontrollbehörde im Kopf - lässt nur eine Methode zu. Dann leidet er aber auch noch nicht genug. Wenn er schon ,austherapiert' ist, das bedeutet ja, dass die Medizin ihn aufgab, bleibt nur noch ein anderes Konzept, ein anderes Glaubenskonzept.

Woran als Patient glaube ich? Nur wenn ich an die Chemo glaube, könnte sie mir auch helfen. Glaube ich an die TCM, dann habe ich eine große Chance, dass diese mir hilft. Glaube ich an gar nichts, hilft mir gar nichts. Die Frage, woran ich glaube, ist zugleich ein Aufruf zur Toleranz und Demut.

Rechtschaffen oder glückschaffen?

Die Eigenschaft ‚rechtschaffen' bezieht sich vornehmlich auf den Menschen und bedeutet: anständig, ehrlich, wohlerzogen, brav. Das Gegenteil wäre: unanständig.

Bis 2006 war ich rechtschaffen unterwegs, behaupte ich einfach mal. Da ich weiß, dass wir in einer polaren Welt leben und ich ab diesem Zeitpunkt zu meinem Quantensprung ansetzte und in der realen Welt nicht noch rechtschaffener sein kann und möchte, spüre ich intensiv beim **senkrechten Weltbild** nach und finde ‚glückschaffen' als angemessene Lebensstilbeschreibung. Das fühlt sich gut an, drückt den höheren Blickwinkel aus, das Engagement für mich und andere, so ungefähr beim 5., dem Halschakra, bei der Kommunikation, der Sprache, dem Ausdruck, der Harmonisierung im Denken und Fühlen. Dieses Aufgehen in der Spiritualität, der inneren Stimme zu vertrauen und zu erkennen, wo ich herkomme, wohin ich gehe und den ganzen Wust an Prägungen aufzugeben und sich eins mit der Schöpfung zu fühlen, schafft Glück.

Die Angst vorm Sterben und dem Tod ist aufgelöst, die Verant-wortung für das eigene Tun und Lassen wird übernommen und die Talente drücken sich immer mehr aus.

Auf dem Weg in die feinstoffliche Dimension empfangen und geben wir Botschaften. Wir sind einfach **glückschaffen** unterwegs in konzentrischen Kreisen. Ich drückte es einmal in einem Senryu so aus:

„Nachts laufen die Gedanken los, bringen Antworten", und fü-ge hinzu: von mir weg und wieder her zu mir.

Sind wir glückschaffen unterwegs, kommt das Glück als Schwin-gung wieder zu uns zurück. Andererseits: Sind wir in der Kürze dieser Inkarnation Teil der Probleme, wie können wir dann Teil der Lösung sein, wem haben wir dann genutzt, wem Glück gebracht?

Auf die beliebte Frage ‚Was ist Glück?', fällt mir die Antwort sehr leicht: **Wenn ich mit mir glückschaffen in Frieden lebe!**

Kaiserschnittkinder   -
ein (Kranken-) hausgemachtes Problem

Laut einer Erhebung der Bertelsmannstiftung sind nur 2% aller Geburten Wunschkaiserschnitte.

Es mag viele medizinische Gründe geben, der Natur nicht ihren Lauf zu lassen, aber welche Gründe liegen vor, dass 2013 in Deutschland 34%, in Süddeutschland bis zu 50% der Kinder per Kaiserschnitt auf die Welt geholt wurden?

Und wieso sind es in Dänemark nur 21,4%, In Schweden 16,7% und Finnland 15,7%? Verstehen die alle nichts von moderner Geburtshilfe? Oder die Naturvölker?

Landkreise mit sehr hoher Kaiserschnittrate, so vermittelt es die Studie, liegen überwiegend in Bayern, Niedersachsen und Rheinland-Pfalz, mit sehr geringer Rate überwiegend in Ostdeutschland.

T-online-Eltern veröffentlicht am 14.09.2015 diese Daten:

Kaiserschnitt-Rate der Bundesländer

Saarland	40,2 %
Hessen	33,8 %
Rheinland-Pfalz	33,5 %
Hamburg	33,2 %
Schleswig-Holstein	33,1 %
Bayern	33,0 %
Nordrhein-Westfalen	32,8 %
Niedersachsen	32,6 %
Baden-Württemberg	32,3 %
Bremen	31,5 %
Sachsen-Anhalt	29,6 %
Mecklenburg-Vorpommern	29,4 %
Berlin	28,1 %
Thüringen	27,3 %
Brandenburg	26,4 %
Sachsen	24,4 % Durchschnitt 31,8%

Wunschkaiserschnitte werden bis zu zwei Wochen vor dem eigentlichen Geburtstermin durchgeführt. Es sollen Wehen während der OP vermieden werden. Hat hier jemand ‚unreif‘ gerufen?

Als Gründe für Deutschland werden genannt: Die Mütter werden immer älter; deshalb seien Schwangerschaften komplizierter; Die Kinder werden immer schwerer, die Geburten riskanter; Vor allem in besser verdienenden Kreisen wird der Kaiserschnitt gewählt.

Experten nennen 2015 zwei Hauptgründe für die hohe Kaiserschnitt-Rate: Zum einen gibt es immer mehr Risikoschwangerschaften. Zum anderen wollen Ärzte auf Nummer sicher gehen, dass bei der Geburt nichts schiefgeht, denn die Klagebereitschaft von Eltern habe zugenommen.

Immer mehr Frauen entscheiden sich für einen *Wunschkaiserschnitt‘*, auch wenn er medizinisch nicht notwendig wäre. Es werden noch weitere Gründe angeführt, die aber allesamt die Mutter betreffen.

Es werden auch kritische Ergebnisse vermeldet, die in der Organisation der Krankenhäuser gipfeln, weil wegen der rückläufigen Geburtenrate auf vielen gynäkologischen Stationen Personal abgebaut wird und die Geburten auf Zeiten verlegt werden, in denen die Stationen gut besetzt sind. O-Ton: „Damit der Zeitpunkt planbar ist, muss es ein Kaiserschnitt sein." Der lässt sich im Alltag kleiner Kliniken leichter managen.

Wenn schon die narkotisierte Mutter ihre Bestimmung während der Geburt und der Zeit danach verschläft und sich damit ihrer Einweihung entzieht, fehlt sie dem Baby unmittelbar nach der Geburt. Das Entwicklungsritual Geburt findet ohne die Mutter statt und das kann lebenslange Folgen haben. Rationale Gründe gibt es zu Hauf, die natürliche Geburt zu meiden.

Hier wird nicht über medizinische Notfälle gesprochen. **Es geht mir bei den unnötigen Fällen auch nicht um die Gebärenden, sondern vor allem um die Babys und die Spätfolgen für sie**; denn in der täglichen Praxis kommen immer wieder Störungen bei Patienten oder deren Kinder vor, die einen gemeinsamen Hintergrund entlarven, der für den klinischen Alltag offensichtlich keine Bedeutung erlangt; z. B. können Kaiserschnittkinder sich nicht durchsetzen, sondern neigen dazu, alles auszusitzen.

Nach der esoterischen Philosophie gehen wir so, wie wir ins Leben gehen, auch wieder hinaus: Durch den Geburtstunnel ins Licht und am Ende des Lebens auch wieder durch den Tunnel ins Licht.

Was aber ist mit den Kaiserschnittkindern? Sie haben keine Lobby. Nicht nur, dass sie aus der Einheitserfahrung mit der Mutter schockartig herausgerissen werden, sie lernen es auch nicht, sich durch den Geburtskanal hinauszuarbeiten, sich dabei anzustrengen und diese Grenze zur polaren Welt *ins Licht* zu überschreiten. Auch später lernen sie nur schwer, wie gut es für die Eigenentwicklung ist, sich selbst zu befreien und nicht darauf zu warten, bis andere es für sie tun. Mit dem dadurch entstehendem Frust wollen sie nicht lernen umzugehen. Ihnen wäre am liebsten, wenn ihnen ‚die gebratenen Tauben ins Maul fliegen' würden. Das kann Auswirkungen in Form von Flucht vor der Verantwortung (Hotel Mama) bis zu Überreaktionen als Mittel der Kompensation

(Ich werde es Euch beweisen) annehmen. Da passt dann das Wort: Allzu viel kommt von allzu wenig.

Festhalten können wir: Schnittgeburten unterbinden die Eigeninitiative, da der Kaiserschnitt **kein Lichterlebnis** beinhaltet. Kaiserschnittkinder brauchen im Leben oft einen ‚Tritt in den Hintern'.

Ein Kaiserschnitt macht dicke Kinder (Süddeutsche 23. Juli 2012)! Davon sind US-Ärzte überzeugt. Sie untersuchten bei 1255 Kindern, wie die Geburtsmethode und das spätere Körpergewicht miteinander zusammenhingen.

Resultat: Diejenigen, die per Kaiserschnitt kamen, hatten ein doppelt so hohes Risiko, übergewichtig zu werden! Vermutete Ursache: Bei einer natürlichen Geburt bekommt das Baby von seiner Mutter wichtige Darmbakterien mit, die später die Verdauung günstig beeinflussen, das Kind schlank und gesund halten. Frühere Studien haben bereits gezeigt, dass der Kaiserschnitt auch das Risiko von Asthma und Allergien erhöht.

Ein wildes Kind können wir mit Geschick und Umsicht bremsen, ein träges, *bequemes* Kind bringt uns zur Ver-zwei-flung.

Nehmen behinderte Kinder eine Aufgabe auf sich?

Wenn wir inzwischen erkannt haben, dass alles, was rund um uns herum geschieht, etwas mit uns zu tun hat und unsere Verantwortung herausfordert, so dürfen wir das auch auf die Geburt eines behinderten Kindes beziehen, so schwer es uns auch fällt und so sehr wir zuerst schockiert sein mögen. Oftmals sind auch keine objektiven Gründe (Medikamente, Nikotin, Alkohol, Drogen, Schockerlebnisse der Mutter oder unstatthafte Manipulationen während der Schwangerschaft) auszumachen und trotzdem können sich die Eltern schuldig fühlen. Aus dem schweigenden Umfeld ist da wenig Aufbauendes zu erwarten.

Wenn wir es allerdings zulassen, diesen gravierenden Einschnitt in unserer geplantes Leben auch noch aus einer anderen Sichtweise, der geistig-seelischen, anzuschauen, finden wir mehrere Ansätze, um z. B. auch dahinter die stiftende Ursache zu erkennen:

a) Das Kind hat sehr aufreibende Inkarnationen hinter sich und nimmt sich eine ‚Ruheinkarnation' bei einem geliebten Menschen, bei dem es stets liebevoll betreut wird und überhaupt nichts tun muss.

b) Während es diese Behinderung auf sich nimmt, bringt es gleichzeitig der Mutter oder der Familie etwas Wesentliches bei, nämlich Rücksichtnahme, Empathie, liebevollen Umgang untereinander, viel Geduld in Achtsamkeit und Erkennen der wichtigen ‚einfachen' Werte im Leben. Jeder kann sich auf jeden verlassen. Immer wieder erhellend ist es, wie liebevoll ‚anders' der Umgang untereinander in diesen Familien ist.

c) Es gibt auch die Möglichkeit, dass ein behinderter Mensch in seinem früheren Leben Selbstmord beging, weil er in der Familie nicht mehr leben konnte oder wollte, seine leidvollen Erfahrungen unaufgelöst mitnahm und nun wieder in der nächsten Generation dieser Familie inkarnierte, um zu lernen oder diese mit dem Ungemach, das ihm geschah, zu konfrontieren, damit diese lernt. Oft ist die neue Behinderung noch tiefgreifender. Zufällig geschieht so etwas nicht und wir müssen uns auch kein Schreckensszenario ausmalen. Trotzdem steckt da ein Sinn drin; denn der Selbstmörder, der sich weigerte, im vorigen Leben zu lernen, hat nichts von seinen unaufgelösten Problemen durch den Suizid abgeschüttelt und vielleicht ist es die Aufgabe der neuen Familie, ihm dabei zu helfen, sie diesmal aufzulösen.

Oftmals bleiben diese Kinder nur so lange, bis ihre Aufgabe erfüllt ist, die Protagonisten transformiert sind und sich gewandelt haben oder ihnen selbst mit Liebe und Achtsamkeit so viel Heilsames zu Teil wurde, dass sie diese Familie wieder verlassen können.

Sollten wir ‚dran‘ bleiben? – Über Symptomverschiebung

Immer wieder kommen Patienten, die vor Jahren erfolgreich ihre Projekte bearbeiteten und ‚eigentlich‘ geheilt schienen. Sie hatten gelernt und sind trotzdem wieder bedürftig. Was kann dahinter verborgen sein?

Stellen wir uns zur Verdeutlichung die Kuppel des Bundestages vor, in der die Besucher spiralförmig nach oben und wieder hinunter laufen. Stellen wir uns unser Leben als eine solche Spirale vor, die nur nach oben verläuft und auf der unser Leben geschieht. Die

Spirale ist schon deshalb so sinnhaft, da uns viele Kulturen und Religionen den Weg von unten nach oben ins All-eine, von der Verwurzelung in der Mutter Erde hinauf ins Licht, als unseren Weg weisen.

Wir gehen in unserem Leben spiralförmig nach oben und stellen fest, dass außen um die Spirale unsere sämtlichen Befindlichkeiten stehen: Unsere Bedürftigkeit, unsere Zuneigung, unsere Ungeduld, unsere Liebe, unsere Wut, unser Hass, unsere Traurigkeit, unsere Leidensfähigkeit, unsere Hilfsbereitschaft, unsere Liebesfähigkeit, unser Unverstandensein, unsere sexuellen Bedürfnisse, unsere Kleinkariertheit, unsere Bürgerlichkeit, unsere Obsessionen, unsere Lieblosigkeit, unser Zynismus, eben alles, was uns als Mensch ausmacht, steht Spalier auf unserem Weg nach oben.

In unserem Selbstheilungsprozess haben wir z. B. über Demütigungen gelernt und wollen sie in Demut auflösen. So schreiten wir weiter aufwärts und kommen wieder an der Demut vorbei, **diesmal aber auf einem höheren Niveau.** Inzwischen hatten wir dieses Projekt aber wieder aus den Augen verloren (aus den Augen, aus dem Sinn) und sind gerade dabei, die Kinder unsere geballte Autorität spüren zu lassen und ‚bügeln' lieblos über sie hinweg. Da sagt die Seele:

„Eigentlich war er ja schon weiter, hatte gelernt und sein Knie hat es ihm gedankt. Aber jetzt ist er gerade wieder zurückgefallen. O. K. - müssen wir die Schmerzen wieder aktivieren, am besten noch ein Bisschen intensiver." Und schon tut das Knie wieder weh, sogar schlimmer denn je, oder es kommt zu einer Symptomverschiebung, oder beides. Das ist dann der Punkt, der deutlich macht, dass die Aufmerksamkeit gelitten hat, der Rückfall in alte Gewohnheiten oder Süchte schnellstens aufgelöst werden soll.

Die Funktion des Schmerzes ist anzuerkennen, am besten liebevoll und einsichtig; denn Symptomverschiebungen können auch noch leidvoller ausgehen. Hier kommt wieder die Alltagstauglichkeit unserer Anstrengungen um unsere Gesundheit und Heilung ins Spiel.

Wir befinden uns, wenn wir uns einmal für das ‚andere' Bewusstsein entschieden haben, in einem unaufhörlichen Prozess und unsere Seele zeigt uns über den Schmerz immer an, ob wir vorwärts- oder rückwärtsgehen oder stagnieren. Sie ist so geduldig und liebt uns. Bedanken wir uns einfach zwischendurch einmal bei ihr!

Chancen-Analogie

Das Chancen-Verspielen (analog zum „Wer wird Millionär?" mit Jokern)

Analogien beim Spiel mit dem Glück und beim achtsamen Umgang mit Chancen bei der Krankheit und dem verbleibenden Gestaltungsspielraum.

Wenn ich spiele, will ich gewinnen; wenn ich Geld in meine Krankheit stecke, will ich Gesundheit gewinnen. Ohne diese Absichten brauche ich gar nicht erst anzutreten. Habe ich den letzten Joker gespielt, ist die vorletzte Chance wahrgenommen. „Greift" sie nicht, ist mein Gestaltungsspielraum auf Null geschrumpft. Jetzt muss ich es nehmen, wie es kommt, beim Spiel ebenso, wie bei meiner Krankheit. Jetzt helfen nur noch Glück oder ein Wunder.

Wozu werden Joker ins Spiel gebracht?   **Was fangen wir mit unseren Heilchancen an?**

Bei „Wer wird Millionär" sind bis zu 5 Stück verfügbar.   Im Krankheitsfalle können es weniger sein, aber nehmen wir auch 5 an.

Sie werden eingesetzt, wenn

Wozu werden Joker ins Spiel gebracht?	Joker / Chance	Was fangen wir mit unseren Heilchancen an?
ich nicht weiter weiß, ich auf dem Schlauch stehe / ich mir von der Mehrheit Hilfe erhoffe	1. Joker / Chance 1	mich die gesetzliche Krankenkasse absichern soll.
ich mit dem 50 : 50 -Joker und den verbleibenden	2. Joker / Chance 2	Medizin / Chirurgie / Kuren Nebenwirkungen haben oder nicht nachhaltig wirken. die Medizin nicht weiter weiß. Ich suche mir einen
2 Möglichkeiten meiner Vorstellung näherzukommen hoffe / ich ein Spezialgebiet vorfinde, wovon ich keinen blassen / Schimmer habe, aber einen Experten im Publikum vermute, / dem ich 500.- € zwar abgeben muss, der es aber wissen / konnte.	3. Joker / Chance 3	Homöopathen/Heilpraktiker, der auf sanfte Art helfen soll. auch diese Chance erfolglos verstrich und ich immer noch glaube, dass die Hilfe von außen kommt. Jetzt fliege ich zum Schamanen nach Brasilien, der es richten soll; denn die Zeit wird knapp. Wer aufmerksam ist, spürt den schwindenden Gestaltungsspielraum, der mächtig Angst macht.
	4. Joker / Chance 4	
Er hat mich gerettet und der letzte Joker ist meine vorletzte Chance, die ich wahrnehme und dann zufrieden mit dem Erspielten nach Hause gehen kann, oder ich bin mir mit der letzten Chance ohne Joker ganz sicher.	5. Joker / Chance 5	Wenn diese letzte Chance nicht zieht, muss ich es nehmen, wie es kommt.

Es gibt Spieler, die aus Geiz und Gier auf eine ganz großen Gewinn Joker aufsparen wollen und fallen eigensinnig mit 1 oder 2 noch vorhandenen Jokern auf 500.- € durch; eine Beerdigung 1. Klasse.

(Fortsetzung Chancen-Analogie)

Bis hierher habe ich noch Gestaltungsspielraum:
Was ist nun die für mich richtige Methode, nachdem alles Erdenk-
liche und wissenschaftlich Ausgelobte bei mir keine nachhaltige
Wirkung zeigt und ich der Ver-zwei-flung nahe bin?

Wenn nur noch ein Wunder helfen kann?

Verspiele ich oder setze ich, weil ich es wieder einmal beweisen
will, dass ich es auch alleine schaffe, die letzte Chance falsch ein,
falle also in alte Muster zurück und lasse mich noch einmal über-
reden, dass jetzt u. U. die OP die letzte Chance sei, ist diese Chance möglicherweise auch vertan.

Ich kann auch meine letzten Chancen allesamt ignorieren und
nicht erkennen oder be-zwei-feln, welcher Sinn in meiner Krankheit steckt und aus

Angst

Unwissenheit

Gleichgültigkeit

Unentschlossenheit

Zeitmangel

Abhängigkeit

Ignoranz

Überheblichkeit

Zwei-fel

dogmatischer Sicht

mangelndem Vertrauen und

Besserwisserei

den Alternativen u./o. geistigen Heilmethoden die Gültigkeit für mich absprechen. Dann lasse ich ebenfalls ein oder zwei Chancen ungenutzt. Ich kann auch wie bei ‚*Wer wird Millionär?*' die letzten Chancen übersehen und mit in die Grube nehmen, gewissermaßen eine Beerdigung 1. Klasse heraufbeschwören. Grabinschrift:

> Hier ruht Herr Meyer
> Er hatte noch 2 Joker!

Bewusstseinsänderung in Eigenverantwortung kann die große alternative Chance zum sog. ‚Glück' bringen und den Gestaltungs-Spielraum wieder vergrößern.

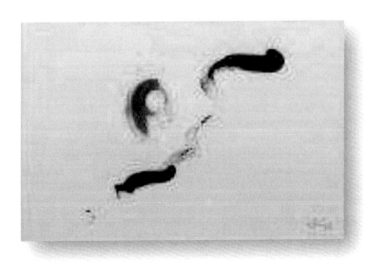

Das Therapeuten-Heiler-Hopping –
Für Extremskeptiker

Die Patienten sind müde und mürbe. Sie kommen und sagen: „Ich habe schon jahrelang alles unternommen und ausprobiert." Am Ende ihres Umwege-reichen Slaloms von einem zum anderen Arzt, Heiler oder Therapeuten kommt es erfreulicherweise vor, dass Kranke wieder zu ihrem Kinderglauben finden und verwerfen nicht mehr, dass z. B. allein Gott / Jesus / Maria / Allah / Buddha oder die Geistige Welt ihnen noch helfen oder sie sich selbst heilen können.

Welcher Skeptiker hat dann noch den Mut, dem Ver-zweifelten zu sagen: ‚Wir müssen erst einmal prüfen, welche Voraussetzungen erfüllt sein müssen, damit Heilung geschieht und so genannt werden darf?'

Skeptiker repräsentieren das alte rationale, waagerechte Denken; ihre Zeit ist vertan und um.

Nicht zufällig besteht die Hälfte meiner Arbeit darin, die Menschen wieder mit ihrem, nicht meinem, Glauben zu versöhnen; denn bei Krebs z. B. geht es immer ums Ganze, oftmals nicht mehr um Gesundung, sondern um Heilung in Liebe und Vertrauen.

Wenn ich über meinen Glauben heil werde, kann ich sogar heil sterben, versöhnt und in Frieden, ob ich an Reinkarnation glaube oder nicht. Wobei erst auf dem Konzil von Nicäa, 325 n. Chr. der zuvor im Christentum vorhandene Glaube an die Reinkarnation restlos getilgt wurde, was verständlicherweise von den Christlichen Kirchen verschwiegen wird.

Wo war denn Jesus zwischen seinem 15. und 30. Lebensjahr? Warum wird er heute noch unter dem Namen Issa in Indien, Kaschmir und Pakistan verehrt?

(P.J. Saher übersetzte und dokumentierte in seinem Werk „Das Geheimnis vom Toten Meer", verborgene Texte zum Leben Jesu aus aramäischen Akasha-Chroniken. – Die Lebensjahre Jesus in Indien, die wiedergefundene Zeit).

In Indien lernte Jesus den Buddhismus kennen und *„war sehr angetan von den Jainas, deren Sanftmut und deren Tierliebe; sie verletzten kein Lebewesen"* (s. dort S. 128).

Indien gab 1999 zum Gedenken an Jesus Christus und seinen 2000. Geburtstag eine Briefmarke zu 300 Paise mit dem Kreuz im Zentrum heraus.

Yesu Krist Jayanti - 2000

Die linke und die rechte Gehirnhälfte = Ratio vs Intuition

Da schon mehrfach auf diese Unterscheidungen hingewiesen wurde, sind hier die vereinfachten Erklärungen:

Die Polarität spiegelt sich auch in unserem Gehirn. Sie hat Bedeutung

a) **als Sitz der Ratio** (links = archetypisch männlich, Zukunft, kausales Denken) und

als Sitz der Intuition (rechts = archetypisch weiblich, Vergangenheit, analoges Denken);

Die linke Gehirnhälfte steuert die rechte Körperseite und die rechte Gehirnhälfte die linke Körperseite.

Bei den Sehnerven ist das noch komplizierter: Die Sehnerven überkreuzen sich im Gehirn.

Die von links kommenden Sehreize werden in der rechten Gehirnhälfte verarbeitet und umgekehrt. Dasselbe gilt übrigens auch für akkustische Reize und für den Tastsinn. Nur der Geruchssinn ist nicht überkreuzt.

Achtung: Nicht alle Reize vom linken Auge gehen in die rechte Gehirnhälfte, sondern von beiden Augen wird die linke Hälfte in die rechte Gehirnhälfte geleitet.

b) für die Krankheitsbilderdeutung:

Wenn Schmerzen in der **linken** Körperhälfte auftreten, liegt die Steuerung in der rechten Gehirnhälfte, liegt die stiftende Ursache in der **Intuition - weiblich**; fündig würde ich wahrscheinlich bei der Mutter, der Schwester, der Chefin, der Freundin oder Kollegin u. a. weiblichen Protagonisten der Konfliktszene und bei weiblichen Tieren.
Zuständigkeit: Vergangenheit.

Treten Schmerzen in der **rechten** Körperhälfte auf, liegt die Steuerung umgekehrt in der linken Gehirnhälfte, liegt die stiftende Ursache in der **Ratio - männlich;** hier finde ich die Protagonisten als Vater, Bruder, Onkel, Chef, Kollege oder Freund, sowie männliche Tiere.
Zuständigkeit: Zukunft.

(Quelle: Dethlefsen/Dahlke – Krankheit als Weg)

Sich und andere ‚nähren' können

Von vielen Fällen, dazu nicht in der Lage zu sein, passt unter dieses Thema beispielhaft die Leidensgeschichte einer Frau, die Kindheit und Jugend wie ein Klon ihrer eigenen Mutter verbrachte.

Wie diese empfand sie Männer als sexuelle Bedrohung und meinte trotzdem, männlich zu agieren, sei die einzige Chance, als Frau nicht übersehen zu werden. So hatte sie sich durchgesetzt, eine leitende Position in der Wirtschaft inne, war unglücklich und erkannte, wie sehr sie unter ihrer nicht gelebten Weiblichkeit litt. Das wollte sie ändern. Als trotz allem sehr spirituellem Wesen war ihr klar, was sie nicht länger wollte: So werden wie ihre Mutter. Sie schrieb seitenweise Seelendialoge mit ihr und schonte sie nicht.

N. warf ihrer Mutter auch vor, ihr aus ihrem eigenen Trauma heraus nicht beigebracht zu haben, sich selbst zu nähren, ihr riesige Angst vor eigenen Kindern vermittelt zu haben und somit heute noch unbewusst Einfluss auf ihre Partnerschaften auszuüben. Sie könne sich einfach als Frau dem Mann nicht öffnen und ihm in Augenhöhe begegnen. Dabei schwinge immer noch die von ihr übernommene Demütigung des an ihr versuchtem Missbrauchs mit. Gleiches gelte für Abtreibungen, die ihr aus ihrem Bekanntenkreis bekannt geworden waren.

N. wollte endlich zu sich als weiblichem Wesen finden und die liebevolle Frau und Mutter werden, die sie aus ihrer Urfamilie heraus nicht werden konnte, da das Leben als Frau nur ‚gefährlich, mühsam und unterprivilegiert' verlaufen könne. Aber sie wünsche sich Kinder und wolle sie in Liebe nähren, in Vertrauen, Fülle und mit einem liebenden Mann an ihrer Seite zu glücklichen Menschen erziehen. Doch die Zeit drängte, die biologische Uhr tickte; und der Herzensmann war in den Startlöchern und wartete auf ihr Signal.

N. arbeitete intensiv und vertrauensvoll in ihrem gewandelten Bewusstsein und verband die ersehnte Mutterrolle unmittelbar mit ‚nähren', wobei sie bestrebt war, sich selbst erst einmal lieben und nähren zu können. Fleißig übte sie sich in Geisteshygiene und in ‚Ich weigere mich, ...!'.

Bevor wir gemeinsam in einem 1:1-Seelengespräch am Telefon die Protagonisten ihrer Urfamilie in einen Dialog forderten und transformierten, sagte sie so ganz nebenbei:

„Na ja, so kleine Erfolge habe ich schon zu verzeichnen", und fügte auf meine neugierige Rückfrage hinzu: „Weißt Du, ich habe immer zwei verschieden große Brüste gehabt. Seit einiger Zeit wächst die kleinere nach und ist jetzt gleichgroß."

Ich: „Lass' mich raten, welche das ist. Die Linke?"

N.: „Woher weißt Du das? Ja, es ist meine linke Brust."

Ich: „Und das ist für Dich ein k l e i n e r Erfolg? Das ist ein riesengroßer. Du bist auf dem Weg in Deine wahre Weiblichkeit. Die linke Brust steht in Deinem Prozess für Vergangenheit und die Konflikte mit Deiner Mutter.

Der Kosmos führte wieder Regie und wenn Du Kinder nähren willst, benötigst Du voll entwickelte Brüste. Da Du Dein Bewusstsein geändert hast, spielt sich dieser Prozess nicht mehr auf der Körperebene ab. Das Hinweisschild: ‚Lerne Dich zu nähren, damit Du nährende Mutter sein kannst', ist überflüssig geworden. Wenn die Seele spricht, antworten die Zellen. Du hast es kapiert."

Die Harmonisierung mit Mutter und Vater brachte dann letztendlich das neue Element: Ich liebe, bin als Frau geliebt und kann Liebe uneingeschränkt geben. Sie ist auf ihrem heilvollen Weg.

Für Zwei-fel und 2-fler gibt es Vehikel

Von Hildegard von Bingen und Bruno Gröning ist überliefert: „Jede Krankheit ist heilbar"; die deutsche Mystikerin fügte hinzu: „... aber nicht jeder Patient." Worauf könnte sich das beziehen?

Da rufen kranke Menschen an und erzählen, wenn ich es zulasse, ihre gesamte Krankengeschichte mitsamt Medikamentenliste, den OPs, Therapien, Kuraufenthalten in psychosomatischen Kliniken, Heileraudienzen im Ausland, rein alternativen Versuchen, Familienstellen, schamanischen Reisen. Das ganze sündhaft teure Programm. Alles schon hundert Mal erzählt und von der Art, über die Barry Long in seinen Vorträgen sagte: „Don't tell this old sad story", aber manchmal gelingt es mir, ihre ranzige Aufzählung zu unterbrechen und ich frage:

„Und? Sind Sie gesund?"
Prompt kommt: „Nein, eben nicht!" Das sagen sie meist so, als sei ihr Martyrium das Selbstverständlichste der Welt.

„Gut, dann fangen wir jetzt ganz von vorne an. Ich habe aber zuerst eine Frage: Wollen Sie von mir etwas haben oder selbst etwas tun?"

Nach langem zögerlichem Abwägen kommt meist: „Klar, ich will schon selbst tun, aber wie kann ich das denn allein, ohne Hilfe?" „Gut, dann biete ich Ihnen **Hilfe zur Selbsthilfe** an, nehme Sie aber beim Wort, wenn Sie auch von mir nur wieder etwas haben wollen. Und ich verspreche Ihnen noch etwas:

Ich laufe direkt hinter Ihnen her und schaue, was sie tun. Ich sage nicht, was Sie tun oder lassen sollen, be- oder verurteile Sie nicht; **ich deute nur** und spiegele Ihnen alles. Ich begleite Sie helfend und wir spüren gemeinsam, was an die Oberfläche kommen will oder dort schon liegt. Es geht in Ihrem Prozess immer um Selbstverantwortung in Eigenkompetenz und um eine Bewusstseinserweiterung, um Tun und Wandel. **Aber ich muss nicht nett sein.** Sind Sie damit einverstanden, kann es losgehen." Ungeahnt oft entscheiden sie sich dann mit der Bemerkung:

„Ich bin ja froh, wenn Sie nicht drum herum reden und alles ansprechen."

Auch diesen Hilfesuchenden, die oftmals nur noch um ihr nacktes Leben kämpfen, fällt es sehr schwer, verstandesmäßig loszulassen und ihrer Intuition zu vertrauen. Sie sind es ein Leben lang gewohnt, zu fordern, etwas zu bekommen, anstatt etwas zu sein. Doch das funktioniert nicht mehr,

+ wenn Gesundheit nicht zu kaufen ist,
+ wenn Sex keine Münze mehr ist, mit der Partner willfährig und gehorsam gemacht werden,
+ wenn Wohlverhalten als Duckmäusertum erkannt wird und
+ wenn mütterliche ‚Affenliebe' als Instrument der Manipulation plötzlich nicht mehr taugt.

Sie sind rundum so voller Zwei-fel (zwei Teile) und in dieser Lage will der Verstand gewohnterweise etwas haben: ein Medikament, ein Versprechen, eine gute Prognose, eine Heilung und möglichst alles schmerzfrei und ohne eigenes Zutun - und auf Krankenschein.

Auch sind die Menschen nicht gewohnt, dass sie für Liebe nichts leisten müssen, dass Liebe ein freies Gut wie Luft und Wasser ist, dass Liebe ihr Naturrecht ist.

Liebe gibt es zwar kostenlos, doch nicht umsonst. Die Entsprechungen der Liebe sind die Achtsamkeit, die Aufmerksamkeit, die Empathie, die Toleranz und der Glaube an sie.

Nach diesem Bewusstseinswandel sind Vehikel, z. B. Tabletten überflüssig. Die Seele fühlt sich erkannt und angenommen, und **jetzt heißt es nur noch tun, tun, tun, die Bewusstseinserweiterung vorantreiben**, die Geistige Welt in den Heilungsprozess einbeziehen und die Verstrickungen auflösen, die bislang die Gesundheit bedrohten und das Lebensglück behinderten.

Nach den ersten Erfolgen ist kein Platz mehr für Zwei-fel, schwindet der süchtige Wunsch, etwas zu bekommen, ist Raum für Entwicklung (aus den Verstrickungen) zum Sein, in Harmonie mit dem Kosmos. Wozu noch 2-feln?

Das ist Arbeit am eigenen Glück, die nur jeder für sich tun kann. Auch hier weiß es der Volksmund:

„Jeder ist seines Glückes Schmied.'

Die Natur duldet kein Vakuum

Wenn wir für alle großen Prozesse logarithmisch rechnen und „log 3" zu Grunde legen müssen, spielt sich vor unseren Augen jetzt ein Drama ab, das gleich mehrere Ursachen hat:

1. In der Mitte Europas liegen Demokratien, die sehr reich sind und sich alles leisten können und seit Jahren eine magische Anziehung auf die Ärmsten aus den armen Länder ausüben müssen.

2. In Arabien und Afrika nehmen Hunger, Dürre, einerseits Wassermangel und andererseits Überschwemmungen, Krankheiten und Kindersterblichkeit rapide zu.

3. Kriege um Rohstoffe, Stammes- und Religionskämpfe ersticken angesichts von Tod, Vergewaltigung und Repressalien jede Hoffnung auf Frieden und Wohlstand in diesen Regionen. Revolutionen fanden statt und brachen wieder zusammen. Leib und Leben sind permanent bedroht, mit allen psychischen Folgen für die zu tiefst Leidenden.

4. Wer sich in dieser Situation allein seiner Physikgrundkenntnisse erinnert, weiß: **Die Natur duldet kein Vakuum**, will Ausgleich und Harmonie, ebenso der gesamte Kosmos.

Schon vor 30 Jahren war erkennbar, dass, wenn drei Millionen Menschen in Angst, Not und Perspektivlosigkeit für ihre Kinder ihre Heimat verlassen und loslaufen, eine Million bei uns ankommen. Zum Glück für die Flüchtenden ist die Quote dramatisch höher und fordert in den begüterten Ländern Einsicht, Verzicht und eine Neuordnung im Umgang zwischen den Menschen, damit diese größte aller Völkerwanderungen einen Sinn bekommt.

5. Mittlerweile dynamisiert noch Terror die Flucht und **so wundert es nicht, dass hier ein Beleg für ‚log 3' demonstrativ vor unseren ungläubigen Augen abläuft** und das heißt wieder einmal nicht linear sondern exponentiell (sprunghaft).

Das wird so lange weitergehen, bis der Sog Europas nachlässt oder die Verhältnisse in den Fluchtländern sich verbessern.

Die Reformation hat dem Christentum gut getan. Ich wünsche mir noch die islamische und bete für Toleranz, Respekt, Demut, Achtsamkeit und Liebe beiderseits und vor allem im Umgang mit Andersgläubigen.

Gibt es ein Leben nach der Geburt?

Diese analoge Geschichte zur Reinkarnation von *Henry Nouwen, holl. Hochschullehrer und Priester,* kursiert im Internet in semantisch geschönten Versionen. Hier ist das Original, dem ich Sie kommentarlos überlasse:

„Ich möchte mit einer kleinen Geschichte abschließen, die mir unlängst ein Freund erzählt hat. Sie handelt von Zwillingen, Bruder und Schwester, die sich vor ihrer Geburt im Schoß ihrer Mutter unterhalten. Die Schwester sagte zu ihrem Bruder:

„Ich glaube an ein Leben nach der Geburt!" Ihr Bruder erhob lebhaft Einspruch:

„Nein, nein, das hier ist alles. Hier ist es schön dunkel und warm, und wir brauchen uns lediglich an die Nabelschnur zu halten, die uns ernährt." Aber das Mädchen gab nicht nach:

„Es muss doch mehr als diesen dunklen Ort geben; es muss anderswo etwas geben, wo Licht ist und wo man sich frei bewegen kann." Aber sie konnte ihren Zwillingsbruder immer noch nicht überzeugen. Dann, nach längerem Schweigen, sagte sie zögernd:

„Ich muss noch etwas sagen, aber ich fürchte, du wirst auch das nicht glauben: Ich glaube nämlich, dass wir eine Mutter haben!" Jetzt wurde ihr kleiner Bruder wütend:

„Eine Mutter, eine Mutter!", schrie er. „Was für Zeug redest du denn daher? Ich habe noch nie eine Mutter gesehen, und du auch nicht. Wer hat dir diese Idee in den Kopf gesetzt? Ich habe es dir doch schon gesagt: Dieser Ort ist alles, was es gibt! Warum willst du immer noch mehr? Hier ist es doch alles in allem gar nicht so übel. Wir haben alles, was wir brauchen. Seien wir also damit zufrieden."

Die kleine Schwester war von dieser Antwort ihres Bruders ziemlich erschlagen und wagte eine Zeit lang nichts mehr zu sagen. Aber sie konnte ihre Gedanken nicht einfach abschalten, und weil sonst niemand da war, mit dem sie hätte darüber sprechen können, sagte sie schließlich doch wieder:

„Spürst du nicht ab und zu diesen Druck? Das ist doch immer wieder ganz unangenehm. Manchmal tut es richtig weh."

„Ja", gab er zur Antwort, „aber was soll das schon heißen?" Seine Schwester darauf:

„Weißt du, ich glaube, dass dieses Wehtun dazu da ist, um uns auf einen anderen Ort vorzubereiten, wo es viel schöner ist als hier und wo wir unsere Mutter von Angesicht zu Angesicht sehen werden. Wird das nicht ganz aufregend sein?"

Ihr kleiner Bruder gab ihr keine Antwort mehr. Er hatte endgültig genug vom dummen Geschwätz seiner Schwester und dachte,

am besten sei es, einfach nicht mehr auf sie zu achten und zu hof-
fen, sie würde ihn in Ruhe lassen.

Diese kleine Geschichte kann uns vielleicht helfen, unseren eigenen Tod mit neuen Augen zu sehen. Wir können so leben, als sei
dieses Leben alles, was wir haben und als sei der Tod einfach etwas
Absurdes, und folglich sei es das Beste, überhaupt nicht davon zu
reden. Oder wir können uns dafür entscheiden, unsere Bestimmung als Kinder Gottes bewusst zu wählen und darauf zu vertrau-
en, dass der Tod ein zwar schmerzlicher, aber gesegneter Durch-
gang ist, der uns von Angesicht zu Angesicht vor unseren Gott
stellt."

Kunst - eine wundervolle Flucht

In einer TV-Literaturrunde fiel einmal der Satz: *80% der veröffentlichten Schriftsteller wären, würden sie nicht schreiben, in anderer Weise auffällig.* Daraufhin sah ich mir die Biographien angesagter Autoren an und fand bestätigt, dass sie teilweise ihre Familie nicht ernähren konnten, in irgendeiner Form krank oder süchtig geworden waren und an ungelösten Problemen in ihrem Leben zugrunde gingen und andere mit in den Schlamassel zogen.

Zählte ich noch all die anderen gescheiterten, psychisch instabilen Maler, Regisseure und sonstigen Kulturschaffenden dazu, fand ich diese Aussage mehr als beachtenswert. Ich stellte sofort die Produktion „haarsträubender" Projekte ein, da sich doch kein Haar krümmen würde. Laotse sagt: ***Wahre Worte sind nicht wohlklingend, wohlklingende Worte sind nicht wahr.***

Dann kam mir noch Barry Long von 1992 wieder in den Sinn: „Poetry is a wonderful escape", also eine Flucht und mir war sofort klar, dass ich die Inflation auf dem Schreibermarkt mit meinen ‚Ergüssen' nicht noch anheizen wollte und beschränkte mich auf die Siebenzehnsilber Haiku und Senryu, mit Erfolg. Da kann ich nicht labern. Nach 17 Silben ist alles vorbei; und Ressourcen spart es auch.

An der Musik war ich wegen mangelnder handwerklicher Fähigkeiten schon früher gescheitert. Nur die Erfolge als Fachautor waren sehenswert, aber auch mit sehr viel Aufwand verbunden.

Blieb noch die Fingermalerei, die von 2004 bis 2008 meinen Alltag neben dem Beruf bestimmte. Da kehrte endlich etwas wie seelische Entlastung und reine Freude ein, ließ sich die innere Ruhe während des Malens erahnen.

Endlich konnten Fragen beantwortet werden, die ein Leben lang nicht gehört worden waren: Wohin führt mich mein Weg? Was sind meine kreativen Aufgaben und wo führt mich die universelle Liebe hin?

Hinter all diesen Bemühungen stand der kleine Junge, der gesehen werden wollte und alle Anstrengungen unternahm, für sich einen Platz in der Gesellschaft zu finden und ein Ansehen zu erlangen, das ‚unübersehbar' war, als 2002 sich unwiderstehlich ein Thema in mein Bewusstsein schob, das nicht mehr warten wollte. Schon in den 90er Jahren war es aufgetaucht und, ohne dass mir klar wurde, dass es sich um m e i n Thema handelte, begann ich 2006 nach dem für ihn erlösenden Tod (2002) meines mir fremd gebliebenen Bruders, der ausgewandert war, ein Bühnenstück zu schreiben, das 2008 drei Premieren feierte.

Darin geht es um *„Liebe und spirituelle Wirklichkeiten am Beispiel zweier Brüder"* und ist ein gelungenes Beispiel für die Regie des Kosmos; denn die Flyer waren schon gedruckt, der vereinbarte Aufführungstermin zum 2. Flensburger Kunstkilometer rückte näher und näher, der Saal war gemietet und ich wusste vier Wochen vor der Premiere noch nicht, wie das Stück endet. Zwei Schauspieler warteten auf ihre Schlusstexte und scharrten mit den Füßen.

Dann kam am Ende einer zweieinhalb Jahre dauernden Erbaus-einandersetzung aus USA endlich die notarielle Nachricht und das O. K. und lüftete unfreiwillig ein Familiengeheimnis: Mein Bruder hatte sich 5 Jahre zuvor erschossen. Jetzt fügte sich alles schlüssig zusammen und mein Bühnenstück schrieb sich selbst zu Ende.

Erwähnen will ich noch meine totale Bewunderung für die Arbeit von Regisseuren und Schauspielern, die ich mir naiver-weise selbst aufgebürdet hatte. Auch wieder ein Beleg für den Archetyp Merkur-Zwilling.

Erkenne dich selbst, damit du Gott erkennst,

empfahl das Orakel von Delphi, im Tempel des Apollon. Beim Betreten des Orakels las der Eintretende über dem Eingang ‚Erkenne Dich selbst' und beim Ausgang' … *damit Du Gott erkennst'*.

Dieser Hinweis enthält die esoterische Botschaft, dass wir Teil der göttlichen Schöpfung sind, alles in uns tragen, wir uns nur erinnern müssen und der Blick in unser Inneres diese Wahrheit offenbart.

In der Esoterik geht es immer um das Sinnhafte und bei der Krankheit oder dem Unfall um die stiftende Ursache und da frage ich nicht, warum z. B. das rechte Schlüsselbein gebrochen ist und erhalte die Antwort, „weil die Klavicula zu den Knochen zählt, die sich Menschen am häufigsten brechen und die sehr empfindlich ist und die meisten Schlüsselbeinbrüche im mittleren Schaftbereich geschehen und weil dort die dünnste und empfindlichste Stelle des Schlüsselbeins ist."

Dazu brauche ich nur etwas von Physik gelernt zu haben, um das zu erkennen. Da steckt noch kein Sinn drin. Da fallen Frauen schon zum dritten Mal vom selben Pferd und meinen immer noch, das Pferd sei schuld. Was ist die stiftende Ursache?

Ich muss erfragen, was vor dem Unfall mit mir oder in mir vorging, wer (gar ich selbst?) so einen starken Druck auf mich ausübte, dass ich nicht mehr standhalten konnte. Fühlte ich mich bedrückt, unterdrückt, konnte ich meine Verantwortung nicht mehr aushalten, nicht mehr tragen?

Wie lang hat meine Seele schon Signale gesetzt und zum letzten Mittel greifen müssen, damit ‚ich mich selbst erkenne'?

Hat im entscheidenden Moment vor dem Sturz meine Wut mich abgelenkt und um meine Aufmerksamkeit gebracht? Und ausgerechnet die rechte Schulter. Hat das mit meinem Vater, meinem Chef oder meiner Zukunft zu tun? Oder wollte mein männliches Ego wieder mit dem Kopf durch die Wand?

Um das zu erkennen und zu bearbeiten, bedarf es immer einer Bewusstseinsänderung, einer Wandlung, empfiehlt schon 1979 *Thorwald Dethlefsen in seinem „Schicksal als Chance"*. Da stehen auch die erleuchtenden Sätze: *„Wer sich selbst verändert, verändert die Welt"*; und *„Es gibt in dieser Welt nichts zu verbessern, aber sehr viel an sich selbst."*

Wenn hier die Esoterik zitiert wird, ist das begründete uralte Wissen der Menschheit gemeint, wie es von *T. Dethlefsen und R. Dahlke* sehr verständlich publiziert wurde und das unumstößliche geistige Gesetze beschreibt, die jeder in seinem Leben nachvollziehen kann, wenn er sich auf den Weg macht.

Das erfordert analoges Denken und ein anderes Menschenbild.

Die eigentlichen Ziele im Leben –
Wie gehe ich wieder?

Wir alle haben uns für unsere Inkarnation mit Eltern, Umständen und Archetyp auch Aufgaben und Ziele ausgewählt, die wir teilweise erst im Laufe des Lebens wahrnehmen. Bis zum Rentenalter ist unser Alltag so vollgepackt mit Aufgaben für die Existenzsicherung, den Beruf, die Familie und die Gesunderhaltung, dass wir unsere eigentlichen Ziele noch nicht einmal erkannt haben.

Nun kommen wir aber - bis auf die Mehrlingsgeburten - allein auf die Welt und gehen meist auch wieder allein und es ist keine Offenbarung, dass wir so, wie wir gelebt haben auch sterben und so wie wir gestorben sind, auch wiederkommen. Unseren ‚Seelen-Rucksack‘ aber können wir nur auf Erden ausräumen und neu ordnen. Im Bardo, dem Reich zwischen den Inkarnationen ist das nicht möglich.

Was sind nun Ihre eigentlichen Ziele, nachdem Sie seit Ihrer Geburt einen Prozess durchlaufen haben, der Ihnen jetzt über Ihre Krankheit oder Störung einen neuen Blickwinkel eröffnet?

Sind schon alle alten und neuen Schmerzen aufgelöst? Haben Sie mit sich und der Familie Frieden geschlossen? Kehrte Liebe, die Ihnen als Kind vorenthalten wurde, in Ihr Leben ein? Lieben Sie sich selbst?

Lebt der alte Groll gegenüber Freunden oder Verwandten immer noch? Kam gar neuer hinzu? Durch die Kinder?

Wollen Sie Ihre immer wieder hinausgeschobenen Bereinigungen mit der Familie als **‚unerledigte Geschäfte'** zurücklassen?

Das ist ja gerade der Jammer körperloser, noch erdgebundener Seelen, dass sie nicht Ruhe und Frieden finden, da sie z.B. bei einem Autounfall oder in Kriegshandlungen nicht Abschied nehmen konnten, völlig unvorbereitet vom Leben zum Tod kamen, nicht wussten, wohin es geht und ob sie noch bleiben möchten, weil sie mit geliebten Menschen noch nicht im Reinen waren oder mitten in einem Loslösungsprozess feststeckten.

Da gab es schon Situationen, in denen das vergewaltigte Kind als Erwachsene erkannte, dass sie den Peiniger transformieren sollte, aber wegen der befürchteten Seelenschmerzen doch lieber davon abließ. Erst der Hinweis, dass sie überhaupt nichts tun müsse, aber dieses unaufgelöste Bündel mit in die neue Inkarnation schleppen würde, ließ sie sichtlich ernüchtert sagen:

„Nein, dann doch lieber jetzt gleich. Dann muss ich ja wieder erst einmal durch den Kindergarten, die Schule, die Ausbildung, das totale Programm, um dann endlich wieder zu erkennen, was ich schon längst hätte auflösen sollen."

Alles in uns wirkt auf der Körperebene in Übereinstimmung mit den Schicksalsgesetzen. Da gibt es keinen strafenden Gott, keine Vergeltung. Wir haben immer die Wahl, was wir lernen, erfahren, woran wir uns erinnern wollen; erinnern deshalb, weil wir vergessen haben, uns zu erinnern. Hier hinein passt jetzt die Geschichte, die mir vor vielen Jahren einmal untergekommen ist. Leider ist der Autor mir nicht mehr präsent:

Die Eltern kommen mit ihrem 2. Kind aus der Geburtsklinik und die 2-jährige Erstgeborene ist ganz neugierig und aufgeregt und will unbedingt allein mit dem Baby sein. Um kein befremdliches Gefühl aufkommen zu lassen und dem Wunsch der Tochter zu entsprechen, akzeptieren die Eltern und stellen ein Babyphon ins Kinderzimmer. Das erste, was die lauschenden Eltern von ihrer Tochter hören:

„Baby, erzähl' mir von Gott. Ich vergess' so schnell."

Was will die Seele, was ist ihr Ziel, während sie sich im Körper aufhält? Sie will die Erfahrung Glücklichsein, Vollständigkeit und Ganzheit in Übereinstimmung mit der Geistigen Welt machen, was letztlich **grenzenlose Liebe** bedeutet.

So begannen oft die Gespräche –
Einige endeten so

Beispiel 1

B (Begleiter): Was möchtest Du bearbeiten?

A: (will etwas sagen, hält sich einige Sekunden zurück) Meine gescheiterte Ehe.

B: Deine gescheiterte Ehe. Und was wolltest Du eigentlich sagen,
im ersten Impuls?

A: (nach langer-langer Pause) Mir ist alles zu eng.

Später offenbarte sie, dass sie sämtliche Türen in ihrer Wohnung
ausgehängt hatte. Natürlich war es ihr auch in ihrer Ehe zu eng
gewesen, aber die stiftende Ursache fanden wir in der frühen
Kindheit. Dort konnte sie bearbeitet werden. Dahin führte die Brücke aus ihrer aktuellen Befindlichkeit.

Beispiel 2

B (Begleiter): Was ist Dein Projekt?

S: Der bevorstehende Tod meines Mannes?

B: Was ist mit ihm? Du wolltest doch mit Deinem Projekt kommen.

S: Eigentlich bin ich ja wegen meiner Schilddrüsen-Unterfunktion
da; aber jetzt haben sie meinen Mann ins künstliche Koma versetzt, bekommen ihn nicht mehr heraus, und ich kann nichts für
ihn tun. Wir haben eine so glückliche Ehe geführt.

B: Die lebst Du doch immer noch, wenn Du Dich um ihn kümmerst.
Meinst Du, dass Deine Krankheit und sein Zustand etwas miteinander zu tun haben?

S: Ist da ein Zusammenhang? Ich bin nur sehr, sehr traurig.

B: Und weiter? (keine Reaktion) Du solltest Dich nicht hinter Deine Traurigkeit zurückziehen, solltest Dich mit Deinem Tod überhaupt auseinander setzen, sagt Dir die Unterfunktion Deiner Schilddrüse. Und das kannst Du jetzt bei Deinem Mann lernen. Siehst Du diese Aufgabe? Siehst Du diese Brücke, die der Kosmos Dir zeigt?

S: Und wie mache ich das? Das zu lernen?

B: Wenn er Dich ebenfalls liebt, hat Dein Mann jetzt noch drei Möglichkeiten:

1. Er lässt dieses Leben los, macht Dir erst einmal Kummer, aber danach kannst Du noch einmal neu anfangen.

2. Er klammert und kommt wieder zu Bewusstsein, wird aber ein schwerster Dauerpflegefall bleiben, wie die Klinik meint.

3. Er entscheidet sich fürs Weiterleben, wird mit Deiner Pflege, der Hilfe der Medizin und der Geistigen Welt heil an der Seele und allmählich auch wieder körperlich gesund. Zuvor kommst Du aber ins Spiel.

Wenn Du aufhörst zu klammern, weil Du weißt, dass die Liebe zwischen Euch bleibt, überlässt Du ihm die Entscheidung, ob er sich als Dauerpflegefall präsentiert, ob er wieder zu sich kommt, sich für eine Heilung mit Deiner und der Hilfe der Geistigen Welt entscheidet, vielleicht noch ‚unerledigte Geschäfte‘ mit Dir erledigt, gesund wird, auch heil und gesund sterben kann. Ihr könnt Euch sogar für das nächste Leben verabreden.

Doch dazu musst Du mit ihm reden, auch wenn er bewusstlos ist. Er wird Dich wahrnehmen. Erledige auch Du mit ihm, was noch zu erledigen ist und versichere ihm Deine Liebe. Vor allem sage ihm, dass Du ihn in Liebe freigibst. Wenn Du das ehrlichen Herzens schaffst, hast Du alles für ihn, vor allem auch für Dich getan. Vielleicht gibt er Dich in Liebe frei und geht, damit Du noch weitere Jahre unbelastet von seiner Krankheit leben kannst. Dazu ist die Liebe fähig. Vertraue auf die Geistige Welt. Das klärt Dein Verhältnis zum Tod. Das wird auch Deine Schilddrüse richtig deuten.

S. widerstand noch 14 Tage allen Bitten, einschließlich der des Pfarrers im Krankenhaus, die Apparate abzuschalten. Als sie ihrem Mann in Liebe die Entscheidung überlassen und ihren Frieden mit dem Tod gemacht hatte, öffnete ihr Mann während einer Zwiesprache ganz langsam die Augen und lächelte. Zwei Tage später interessierte er sich schon wieder für die Reha, zu der er anschließend gefahren wurde. Danach verlor sich der Kontakt.

Beispiel 3

(L. liegt todkrank in der Klinik, wird zunehmend schwächer und kann nicht sterben. Weil wir schon miteinander gearbeitet hatten, ließ er mich durch seine Frau bitten, ihn in ihrem Beisein aus diesem Leben zu begleiten)

L: Ich kann nicht sterben; da ist noch etwas, was mich nicht loslässt.

B: Was ist da? Oder kannst Du nicht loslassen?

L: Ich habe die falschen Eltern gehabt.

B: Wie bist Du zu ihnen gekommen? Was denkst Du?

L: Weiß ich nicht? Ich weiß nur, dass ich denke, es waren die falschen Eltern.

B: Bist Du bereit, Dir von mir auch eine andere Deutung anzuhören und evtl. zuzulassen?

L: Ja, welche?

B: Du bist zu ihnen gekommen, weil Du sie Dir ausgesucht hast. Du wolltest zu Mama oder Papa oder beiden. Wolltest bei Ihnen lernen oder mit ihnen noch etwas regeln; was immer sie Dir später antaten und in Deiner Interpretation deshalb die Falschen waren:

Deine Gedanken sind einer Illusion erlegen. Sie waren immer die richtigen Eltern, weil Du sie Dir ausgesucht hast. Und wenn Du ein Leben lang ‚falsch' gedacht hast, hast Du jetzt noch Zeit und Gelegenheit, das mit ihnen zu klären. Das liegt alles in Deiner Verantwortung und noch heute kannst Du das auflösen und mit ihnen in Frieden kommen, wenn Du es willst. Willst Du?

L: So einfach ist das? Hilfst Du mir?

B: Sicher helfe ich Dir. Du musst es nur sagen und dann schaffen wir beide das mit der Geistigen Welt, die wir um Hilfe bitten.

L: Ja, ich will versöhnt und in Frieden mit meinen Eltern heimgehen.

Er lernte schnell, holte sich seine verstorbenen Eltern vor sein inneres Auge und besprach mit ihnen, was seine Seele bedrückte und was ihn festhielt. Offensichtlich war das Gespräch so liebevoll und harmonisierend, dass er sich von seiner Illusion lösen konnte und wusste, sie hatten immer ihr Bestes für ihn gegeben.

Und so geschah es: Zwei Tage später schied er versöhnt und in Frieden, mit allem in Harmonie, vor allem mit seinen Eltern, auch weil er wusste, wohin er geht, zu seinen Ahnen, zu seinen Eltern, auf seinen Platz im Ahnenverband.

Darauf freute er sich. Sein Körper hatte seinen irdischen Auftrag erfüllt. Jetzt ließ er sich durch den Tunnel ins Licht geleiten.

Wer nur einmal erlebt hat, welch' tiefer Frieden, ja Glück in die Heimgehenden einzieht, weiß, wie wichtig es ist, seinen Handlungsspielraum noch rechtzeitig zu nutzen. Bewusstseinswandel gelingt auch auf der Zielgeraden und sogar auf dem letzten Meter.

Affirmationen - Gebete

Hier biete ich Ihnen einzelne Affirmationen an oder fasse sie zusammen. Gebete, die mich auf meiner langen Reise aufrichteten, die ich über Jahrzehnte ausprobierte und übernommen habe oder selbst variierte und die mir halfen, wobei die Einzelheiten austauschbar sind.

Jede meiner Zellen ist vollkommen gesund, lichtdurchflutet, energiegeladen und tut genau das, wofür sie erschaffen wurde. Die Kommunikation zwischen meinen Zellen funktioniert in perfekter Art und Weise.

,Rechtes Knie' ist ganz locker, gut durchblutet, völlig entspannt und schmerzfrei, und das Wasser ist und bleibt genau dort, wo es hingehört.

Bruno Gröning empfahl immer: *Vertraue und glaube. Es hilft und heilt die göttliche Kraft.* Wenn Sie es als Affirmation personalisieren, wird es intensiver wirken:

Ich vertraue und glaube der göttlichen Kraft. Sie hilft und heilt. Und noch stärker ist es, wenn Sie aus vollem Herzen sagen:

Lieber Gott, ich vertraue und glaube Dir. Du hilfst und heilst.

Bei Angst vor Veränderung: *Lieber Gott, löse die Angst vor Veränderung in meinem Leben, die ich von Mutter/Vater übernommen habe, restlos auf.*

Ich bin voller Selbstvertrauen und respektiere, wertschätze und liebe alle weiblichen und männlichen Familienmitglieder.

Der Tag ist wieder gut.

JETZT nehme ich mich an, vergebe mir und allen anderen für alles, was war und liebe mich so wie ich bin - trotz allem.

Ich bitte die Geistige Welt, meinen Körper und meinen Geist mit der Heilkraft der Liebe derart zu füllen, dass ich ihre Kraft zu spüren vermag. Ich brauche diese Kraft, damit ich heil werde und ein volles Leben leben kann.

Ich bin ein geistiges, mich selbst heilendes Wesen. Meine größte Kraft sind meine Gedanken, die ich in Liebe mit der Allmacht des Geistes verbinde – zum Wohle von uns allen (Mental Healing).

Ja, es kommt allen Menschen zugute.

Jede Affirmation sollte laut gesprochen und tagsüber wiederholt werden. Wiederholungen stabilisieren Ihren Wandel.

Im bewussten Umgang mit alltäglichen Situationen verwandeln Rituale das Leben, geben den Handlungen Kraft, üben bewussten Umgang ein und ermöglichen Wachstum.

Rechtzeitig geübt, stehen sie jederzeit bereit, ihre heilende Wirkung zu entfalten.

Das andere Weltbild

+ **Der Allmacht des Geistes vertraue ich mich vorbehaltlos an.**

Ich glaube und kann es nicht besser als Rüdiger Dahlke beschreiben, an

+ die *Hierarchie der Schicksalsgesetze* =
Die Gesetze der Wirklichkeit; das *senkrechte Weltbild* – nach Hermes Trismegistos ,**die 7 hermetischen (kosmischen) Gesetze'** genannt: *wie unten so oben, wie innen so außen*;

+ das *Gesetz der Polarität*, das unser Wirken auf Erden bestimmt und mit Yin und Yang symbolisiert ist; aus dem Wasserelement nach dem Durchtrennen der Nabelschnur im Luftelement eingetaucht, unterliegen wir der Polarität;

+ das *Resonanzgesetz*   -
Was bin ich in der Lage wahrzunehmen? Was entspricht mir, ist mir Spiegel? Was berührt mich? Wo schwinge ich mit?

+ das *Gesetz des Anfangs*   -
im Impuls liegt schon die Ausprägung; der Zauber liegt schon im Anfang.

+ *pars pro toto* - im Teil das Ganze -
im Geringen das Große sehen;

+ die *Morphogenetischen Felder* - Ich ändere mich und damit ändert sich die Welt, weil sie mitschwingt;

+ *die Synchronizität* - das Prinzip kausaler Zusammenhänge;

+ *die Spielregeln des Lebens* - in den kosmischen Gesetzen des Hermes Trismegistos zusammengefasst;

+ *Symbole und Rituale*;

+ *die Welt der Archetypen*; hier liegen meine selbstgewählten Aufgaben;

+ *Form und Inhalt* - jeder Form entspricht ein Inhalt;

+ *Freiheit und Determinismus* - grundsätzlich haben wir den freien Willen; unser gewählter Archetyp bestimmt jedoch, wie wir mit unserer Freiheit umgehen. Wir können uns freiwillig und in Liebe unserem Schick-sal stellen (geschicktes Heil, lat. salus = das Heil) und es weitblickend als selbstgewählte Aufgabe annehmen.

Das ist Einsicht und Weitsicht zugleich - im Einklang mit der Geistigen Welt.

Rückblick - Ausblick

Wer - wie ich - seit seiner Jugend suchend unterwegs ist und schließlich gefunden wurde, ertappt sich schon öfter bei dem Gedanken: ‚Das hat doch der und der gesagt', kann es aber nicht einordnen. Es ist ein Teil von ihm geworden.

Da waren so viele Quellen, die dem Dürstenden Labsal und im richtigen Moment zur Stelle waren, dass ich nach meiner Heilung keinerlei Erinnerung an die Krankheit mehr in mir trage. Da ist etwas geschehen und jetzt bin ich glücklich und dankbar, vor allem meinen Lehrern.

Für mein Leben, mein Glück oder Unglück, bin ich selbst verantwortlich. Ich habe mir den Start mit allen Protagonisten ausgesucht, die Zeit, den Kontinent, die Umstände gewählt und die zu lernenden Inhalte des Archetyps akzeptiert. Als geistiges Wesen bin ich mit meinem Tod versöhnt und vertraue meiner Seele. Ich bin Seele und verlasse meinen Körper, wenn ich ihn nicht mehr brauche, wenn er verbraucht ist.

Inzwischen tue ich in dieser Erdenhülle aufmerksam und mit großer Freude das, was ich soll und was ich am besten kann:

Menschen in Liebe auf ihrem Heilungsweg zu begleiten. Dafür danke ich der Geistigen Welt und den Menschen, die das anerkennen und mir vertrauen.

****

Der leichteren Schreibweise und Verständigung zuliebe entschied ich mich für die männliche Form und schloss die weibliche ein, wich aber davon ab, wenn fachliche Gründe es geboten. Ich bitte um Ihr Verständnis.

Einzelne Texte und Zitate wollte ich in unsere Zeit retten, weil sie neben ihrer hohen Aktualität zum analogen Denken anregen und uns Spiegel sind.

Namen in Patientensitzungen sind anonymisiert. Ähnlichkeiten mit Begebenheiten im Leben meiner Leserinnen und Leser sind ungewollt und eignen sich nicht für direkte Vergleiche. Dennoch kann eine Betroffenheit nicht ausgeschlossen werden. Gehen Sie in Resonanz, hat es auch mit Ihnen zu tun und Sie sollten sich fragen, wieso dieses Thema Sie betrifft, Sie betroffen macht.

Was würde die Liebe dazu sagen?
(Heilungslied, im Freien zu singen)

Text und Melodie
Hubert R.H. Jünger Copyright 2008

Was wür-de die Lie-be da-zu sa-gen?, sei stets mei-ne er-ste Re-ak-tion.

Da-nach schweigen wei-te-re Fra-gen. Ich ken-ne die Ant-wor-ten schon.

Was wür-de die Lie-be da-zu sa-gen? Ich ken-ne die Ant-wor-ten schon.

Steh' oft-mals an ei-ner We-ge-ga-bel: Dort geht es zum Recht und Hier zum Glück!

Und halt' ich nur ein-mal mein-en Schna-bel, kommt bald schon die Lie-be zu-rück.

Was wür-de die Lie-be da-zu sa-gen? Ich ken-ne die Ant-wor-ten schon.

Wollt' ich nur nicht im-mer Recht be-hal-ten, ent-schie-de ich mich für's Glücklich-sein,

könnt' täg-lich mein Le-ben neu ge-stal-ten und Frie-den kehr-te in mich ein.

Was wür-de die Lie-be da-zu sa-gen? Ich ken-ne die Ant-wor-ten schon.

Was würde die Liebe dazu sagen?

(Ein Heilungslied, im Freien zu singen)
Text u. Melodie - Hubert R.H. Jünger ©2007

Was würde die Liebe dazu sagen?,
sei stets meine erste Reaktion.
Danach schweigen weitere Fragen.
Ich kenne die Antworten schon.
Was würde die Liebe dazu sagen?
Ich kenne die Antworten schon.

Steh' oftmals an einer Wegegabel:
Dort geht es zum Recht und Hier zum Glück!
Und halt' ich nur einmal meinen Schnabel,
kommt bald schon die Liebe zurück
Was würde die Liebe dazu sagen?
Ich kenne die Antworten schon.

Wollt' ich nur nicht immer Recht behalten,
entschiede ich mich fürs Glücklichsein,
könnt' täglich mein Leben neu gestalten
und Frieden kehrte in mich ein.
Was würde die Liebe dazu sagen?
Ich kenne die Antworten schon.

Es ist eine Lust zu leben
(Ein Lied, im Freien zu singen)

Text und Melodie
Hubert R.H. Jünger Copyright 2007

Es ist eine Lust zu leben

(Ein Heilungslied, im Freien zu singen)
Text u. Melodie - Hubert R.H. Jünger ©2007

In mir ist mein Platz, um zu leben.
Er ist mir für immer gegeben.
Ich fülle ihn aus, sing' die Freude hinaus;
denn es ist eine Lust zu leben.

Mein Heil hab' ich in mir gefunden.
Zugleich sind die Schmerzen verschwunden.
Ich danke der Macht, die das alles vollbracht;
denn es ist eine Lust zu leben.

Ins Hier und Jetzt gilt es zu streben.
Wirklichkeit ist dann gegeben.
Hab' sekündlich die Wahl, ob das Leben nur Qual
oder ob's eine Lust ist zu leben.

Quellenverzeichnis

Rüdiger & Margit Dahlke © *2011 Arkana Verlag, München, in der Verlagsgruppe Random House GmbH, Die Lebensprinzipien (darin die Archetypen).* Wege zur Selbsterkenntnis, Vorbeugung und Heilung

Rüdiger Dahlke © *2009 Arkana Verlag, München, in der Verlagsgruppe Random House GmbH, Die Schicksalsgesetze. Spielregeln fürs Leben. Resonanz Polarität Bewusstsein*

Rüdiger Dahlke © *1983 C. Bertelsmann Verlag, in der Verlagsgruppe Random House GmbH, Krankheit als Symbol. Ein Handbuch der Psychosomatik. Symptome, Be-Deutung, Einlösung*

Stephan Dalley *http://www.dalley-energie.de/ - Videos*

Thorwald Dethlefsen © *1996 C. Bertelsmann Verlag, in der Verlagsgruppe Random*
Rüdiger Dahlke *House GmbH; Krankheit als Weg.- Deutung und Be-Deutung der Krankheitsbilder*

Renè Egli © *1994 René Egli, Edition d'Olt, Das LOL²A-Prinzip - die Vollkommenheit der Welt*

Alexander-Maria
Faßbender *https://www.alexander-maria-fassbender.de/wenn-es-nicht-einfach-geht-dann-geht-es-einfach-nicht/*

Global Scaling © *2007 Ehlers Verlag, Raum & Zeit Special 1 - Die Basis ganzheitlicher* Naturwissenschaft

Bruno Gröning © *1998 Verlag Grete Häusler GmbH. Einführungsschrift in die Lehre Bruno Grönings; www.bruno-groening.org*

Clemens Kuby © *2003 Kösel-Verlag, Unterwegs in die nächste Dimension;*
 © *2005 Kösel-Verlag, Heilung - das Wunder in uns;*
 © *2010 Kösel-Verlag, Mental Healing®, Das Geheimnis der Selbstheilung*
 © *2007 Kösel-Verlag, Selbstheilungs-Navigator, 64 Karten*

Clemens Kuby © *2012 Gräfe & Unzer, Selbstheilung - Gesund aus eigener Kraft*

Elisabeth Kübler-Ross	Verlag „Die Silberschnur" GmbH, ISBN 978-3-89845-365-3, Über den Tod und das Leben danach
Kyrie & Brielle	http://www.huffingtonpost.de/2015/09/10/drei-wochen-alt-schwester-zwilling-leben-retten_n_8115610.html
Barry Long	© 2001 MB-Verlag, Den Tod durchschauen - den Tatsachen ohne Furcht begegnen
Prentice Mulford	© 1977 S. Fischer Taschenbuch Verlag GmbH, Frankfurt/M: :Unfug des Lebens und des Sterbens. Aus dem Englischen übertragen und bearbeitet von Sir Galahad. Alle Rechte vorbehalten
Markolf H. Niemz	© 2011 Kreuz-Verlag, Bin ich, wenn ich nicht mehr bin? – Ein Physiker entschlüsselt die Ewigkeit; Lucy im Licht - dem Jenseits auf der Spur
Henri Nouwen	© 2006 Verlag Herder GmbH. In einem anderen Licht. Von der Kunst des Lebens und Sterbens. Herausgegeben von Andrea Schwarz
P. J. Saher	© 2002 EWERTVERLAG GmbH, Das Geheimnis vom Toten Meer - Verborgene Texte zum Leben Jesu neuentdeckt durch aramäische Akasha-Chroniken
Winterhawk, Nomad	Peter Raasch, Die Flowering Tree-Methode, http://www.floweringtree.dk/default.asp?Id=215

Literaturempfehlung

Jakob Bösch	Spirituelles Heilen und Schulmedizin – Eine Wissenschaft am Neuanfang
Rüdiger Dahlke	Lebenskrisen als Entwicklungschancen. Zeiten des Umbruchs und ihre Krankheitsbilder
Ralph Waldo Emerson	Essays, dort „Kreise"
Fosar / Bludorf	Niemand ist Nobody - Reinkarnation und Zeitschleifen, Materie und Geist

Hubert R.H. Jünger	*Urtinktur Amrum, direkt vom Autor;* Verlag E. Gallinge, Baruth- Glashütte: Edition Eigensinn, *Haiku & Senryu: Blätter treibt der Wind;* *Achteinhalb Grad und windstill; ... noch übt die Morgenröte;* *Am Ende schuf Gott ...: Romanfragment über einen Neubeginn,* direkt vom Autor
J. Krishnamurti	*Der Flug des Adlers - Reden und Gespräche*
Caroline Myss	*Chakren - die sieben Zentren von Kraft und Heilung*
Klaus-Dieter Platsch	*Das heilende Feld - Was Sie selbst für Ihre Heilung tun können*
Ernst Pöppel	*Je älter desto besser - überraschende Erkenntnisse aus der Hirnforschung*
Rupert Sheldrake	*Das schöpferische Universum - die Theorie des morphogenetischen Feldes*
Henry G. Tietze	*Organsprache von A bis Z*
Collin Tipping	*Ich vergebe - der radikale Abschied vom Opferdasein*
Doreen Virtue	*Engel begleiten deinen Weg, 44 Orakelkarten*
Neal Donald Walsch	*Gespräche mit Gott*
Alan Watts	*Der Lauf des Wassers - eine Einführung in den Taoismus*
Lin Yutang	*Festmahl des Lebens; Weisheit des lächelnden Lebens*

Die eingefügten Grafiken zeigen eine Auswahl meiner Chi-Bilder (Child Inside) vom Inneren Kind, intuitiv und ohne Pinsel/Werkzeuge - nur mit den Fingern - der linken Hand (Intuition) gemalt: in Pastell, Öl, Aquarell und mit Chinatusche oder Schellack.

Sie entstehen in einer einzigen Sitzung, die zwischen 5 Sekunden und 45 Minuten dauert, sind dann fertig und werden nicht weiter bearbeitet. Meine Chi-Bilder sind stets dem Jetzt zugewandt, sind Kunst in der Zeit (www.juenger-kunst.de).

Zu guter Letzt

Viele Wochen habe ich mich ganz auf mein Spirituelles Praxisbuch konzentriert und übergebe es nun dem Kosmos und den Leserinnen und Lesern. Ich bin gespannt, was daraus wird, wer Kontakt mit mir aufnimmt, und ob aus der Leserschaft Echos oder Anmerkungen, gern auch kritische Äußerungen mich erreichen. Sachlichkeit wird beantwortet.

Den Texten liegen nur eigene Erfahrungen mit anonymisierten Patienten / Klienten zugrunde. Dafür will ich ihnen ganz herzlich danken. Jede Sitzung mit ihnen hat mich bereichert. Für künftige Auflagen will ich hilfreiche Beiträge berücksichtigen.

Lassen auch Sie, liebe Leserin, lieber Leser, sich von mir danken, wenn Sie bis hierher durchgehalten haben und für Ihr eigenes Leben entscheidende Impulse aufnehmen konnten, so dass Sie nun eigenverantwortlich ‚durchstarten' und immer mehr Ihre Göttlichkeit und Liebe spüren und leben.

Und sollten Sie immer noch Zwei-fel plagen, dass Sie primär ein geistiges Wesen sind und Ihnen das Reinkarnation-Modell nicht ‚sicher genug' erscheinen, habe ich als uralte Erkenntnis noch einen Siebzehnsilber für Sie, dem ich die Form des Senryu (5-7-5 Silben) gegeben habe:

> Wie kann ich wissen,
> dass ich lebe, wenn ich nicht
> schon einmal tot war?

Auf der Seelenebene können wir uns jederzeit miteinander verbinden. Darauf freue ich mich - ansonsten -

mit glückschaffendem Namaste   Ihr Hubert Jünger

Glücksburg (Ostsee), im November 2016   (praxis@hubertjuenger.de)